给爱生活爱旅行的人看的经典浙江人文地理

让生活和旅行闪耀着熠熠的人文光辉

楼奕林
编著

廣東旅游出版社
GUANGDONG TRAVEL & TOURISM PRESS
悦读书·悦旅行·悦享人生

图书在版编目（CIP）数据

给爱生活爱旅行的人看的经典浙江人文地理 / 楼奕林编著. -- 广州 : 广东旅游出版社, 2014.8
ISBN 978-7-80766-864-0

Ⅰ. ①给… Ⅱ. ①楼… Ⅲ. ①人文地理学－浙江省
Ⅳ. ①K925.5

中国版本图书馆CIP数据核字(2014)第110296号

摄影作者：楼奕林 陈 殷 陈晓薇 江民繁 谷 馨 黄崇森 周清波
雪里梅 红 红 管晓桦 沈天法 裘国松 陆 军 卢文丽
马荣壮 洪 兵 吕纯儿 夏 霆 何玉宝 陆 原 柯 平
白洪良 沈永林 林帝浣 雷 虎
封面摄影：张 艺
桐庐旅游局、嵊泗文广局、绍兴吼山风景区也为本书提供了照片，在此一并致谢！
策划编辑：江丽芝
责任编辑：蔡子凤
封面设计：回归线视觉传达
装帧设计：何汝清
责任技编：刘振华
责任校对：李瑞苑 刘光焰

广东旅游出版社出版发行
（广州市天河区五山路483号华南农业大学 公共管理学院14号楼3楼）
邮 编：510642
电 话：020-87348243
网 址：www.tourpress.cn
印 刷：广州泽美印业有限公司
（广州市荔湾区龙溪大道283号第一栋第三、四层）
开 本：720mm×990mm 16开
字 数：140千字
印 张：17.5
版 次：2014年8月第1版
印 次：2014年8月第1次印刷
定 价：35.00元

出版人语

泱泱神州，物华天宝；江山多娇，人文荟萃！

《人文中国系列》从旅游这一现代时尚生活方式切入中国各地域的文化层面及内涵，采用图文并茂的形式，特别是突出“影像”的功能与作用，涉指中国各地域的人文、地理、历史、民族、风景、物产及社会生活等等，又远远超越旅游图书的范畴，完全可以称得上是中国第一部全境完整的“人文风物图志”，填补国内出版界在这一内容与形式上的空白。

《人文中国系列》力求知性与诗性的完美结合，着重从旅游文化和地域文化的层面与角度解读，使其形象、深度、可游三维一体，打造目前旅游图书市场上最具创意与魅力的新型旅游读物。

目录 CONTENTS

目录 CONTENTS

浙江省旅游示意图
（仅供参考，不作区分界限用）

20个最具特色人文

ERSHI GE ZUI JU TESE RENWEN

★西湖

苏东坡的名句“欲把西湖比西子，淡妆浓抹总相宜”，道尽了西湖的美丽。湖中水波潋滟，游船点点，远处山色空蒙，青黛含翠。春天，三堤上隔株杨柳隔株桃；夏日，里西湖接天莲叶无穷碧；秋夜，平湖秋月和三潭印月，月光、灯光、湖光三光互映，月影、塔影、云影三影相衬；冬雪后，孤山、灵峰红梅绽放，疏影横斜。四时风光美不胜收。

曲院风荷

★西溪

西溪国家湿地公园就在杭州城西边上，是我国唯一的集城市、乡村、文化于一体的湿地公园，它保持着田园水乡的野性，又不失国家公园大气的布局，更保留挖掘了西溪原有的文化内容。没有一个城市的居民可以如此幸运，坐几站公交车就能到一个充满诗情画意的“桃花源”里泛舟、踏青、观芦、赏梅，放松心情。

西溪摇船

★千岛湖

千岛湖在富春江上游，是一个人工湖，是新安江水库的蓄水池。湖中有近2000个小岛，每个小岛原来都是一座山。山上清溪飞瀑，万壑汇成清湖。573平方公里的水域，平均水深34米，森林面积有448平方公里。

★富春江

富春江从建德梅城流来，流经富阳、桐庐，全长110公里，两岸青山连绵，峰峦叠翠，奇洞烟树，沙汀村舍。假如说富春江是一条项链，那么那些洞和山便是穿在这条项链上的珍珠。自南北朝至清代近1500年间，有1003人吟咏过富春江山水，诗词多达2000余首，其中白居易“春来江水绿如蓝，能不忆江南”的诗句让人对富春江无限神往。

世界自然遗产江郎山

★江郎山

2010年8月，广东丹霞山、湖南崀山、福建泰宁、贵州赤水、江西龙虎山、浙江江郎山捆绑申遗成功，共同成为中国的第八项世界自然遗产。江郎山最大的特点是“孤绝”和“险峻”，著名的是三爿石，三块巨石拔地冲天，高360余米，像三根擎天柱排成一个“川”字昂立于蓝天下。

★楠溪江

楠溪江在温州永嘉境内，绵延三百里，有七十二湾三十六滩，江水清澈见底，两岸茂林修竹，云岚重叠，古村隐隐，融天然山水、田园风光和人文景观于一体，保持着中国农村原始的美，被誉为“中国山水画摇篮”。

楠溪江岩头村

★莫干山

莫干山在德清境内，属天目山余脉，总面积43平方公里，包括了中华山、金家山、屋脊山、炮台山和塔山。植被覆盖率高达92%，主峰塔山海拔719米。这里山峦起伏，有茂林修竹、清冽山泉，是一个旅游和避暑的好地方，与北戴河、庐山、鸡公山并称为“中国四大避暑胜地”。

★天台山

天台山是佛教天台宗的发源地。徐霞客的游记里有两篇有关天台山的游记，天台山是他开始中华之旅的第一座山。天台山在天台县城的北面，平均海拔500米，主峰华顶海拔1098米。山多悬崖峭壁，多瀑布流泉，多名花异木，在林深叶茂中有梵音缭绕。山下有国清寺，山中有上方广寺、中方广寺、下方广寺和石梁飞瀑，山上有千年杜鹃树。

茶香西泠印社

★西泠印社

中国篆刻，是国粹中的国粹，被列入《世界非物质文化遗产名录》，得到了世界的重视和保护，这与孤山西泠印社的存在分不开。西泠印社成立于1913年，首任社长吴昌硕，是著名的金石书画家，浙派代表人物。

西泠印社在白堤尽头的孤山上。孤山被西湖的碧波环绕，山中花木葱郁、亭台楼阁、小径通幽，登上山可一览西湖的四时风光。

★普陀山

普陀山四面环海，形似苍龙卧海，岛上青峰翠峦，怪石嶙峋，古木参天。岛的四周沙滩连绵，礁石奇特，洞壑幽深。普陀山的佛教历史悠久，现有100多个寺，与五台山、峨眉山、九华山和雪窦山并称为“中国五大佛教名山”，是观世音菩萨的道场。

★北雁荡奇峰

北雁荡山在温州乐清境内，山体多呈独具特色的峰、柱、墩、洞、壁等奇峰怪岩。又因地处东南沿海，雨量充沛，所以山中多飞瀑流泉和清潭。徐霞客曾三次到过北雁荡，面对这些奇峰异嶂，他感慨道：“欲穷雁荡之胜，非飞仙不能。”台湾诗人余光中游了北雁荡后也感慨道：“雁荡山的地势变化多姿，隔世绝尘，自成福地仙境，远观只见奇峰连嶂，难窥其深，近玩却又曲折幽邃，景随步转，难尽全貌。”

雁荡山灵岩禅寺

天一阁

安昌古镇

河姆渡遗址

东浦古镇

★越王台

绍兴的府山，只有75米高，但在2500多年前，这里是越王勾践的王宫，有越王台“周六百二十步，柱长三丈五尺三寸，台高丈六尺。宫有百户，高丈二尺五寸”。勾践在这里卧薪尝胆，“十年生聚，十年教训”，最终战败吴国，与北方大国晋、齐会合，成了春秋五霸之一。

★河姆渡

7000年前，江南的先民从山洞里走了出来，脱离了茹毛饮血的生存方式，来到姚江边，开始耕种、养殖、制陶、造木头房子，过起农耕的生活，向文明跨前了一大步。河姆渡是我国最早的新石器时代的遗址之一。河姆渡遗址的发现，证明了长江和黄河一样，都是中华文明的摇篮。

★天一阁

天一阁是我国现存的最古老的藏书楼之一，也是世界最早的三大私人藏书楼之一。天一阁在宁波市区的月湖西，建于明嘉靖四十年（1561年），主人范钦和他的子孙们用毕生的精力和财富，给后人留下了一座取之不尽的知识宝库。

灯火摇曳的绍兴古镇

★鲁迅故乡

鲁迅，可说是中国第一名人，他一生致力于批判国民的劣根性，他的文章像尖刀一样，直刺人的灵魂。他给人的印象是刚烈、好斗，甚至有点不食人间烟火。但是，当你走进白墙黑瓦间的百草园、三味书屋，幻想随着童年的鲁迅在那里游玩、读书，再跟进当铺典当行，你就会结识到一个聪明、顽皮又懂事的男孩，也就能理解他为何会一生都在与黑暗、愚昧斗争。

★江南古镇

杭嘉湖平原上的乌镇、南浔、西塘，是浙江省保护和恢复得最好的古镇，已经与江苏的周庄打包向联合国申请进入《世界非物质文化遗产名录》。粉墙、黛瓦、拱桥、窄巷，是它们如出一辙的标志，但又个个不同。小镇是杭嘉湖平原的灵魂，小镇没有大都市的繁华和浮躁，因而它淡泊而从容；也没有农村的孤寂和劳累，因而它舒适又知足。

西塘阿季
江南人家
Q：830234
雨阁客栈
临河住宿

六大江南古镇之一的西塘古镇，临河的街道都有廊棚，长达近千米，这是西塘与其他水乡古镇大不一样的地方。

★海宁潮

钱江潮的形成是由于太阳、月亮的引力和地球自转产生的离心力的作用，到农历八月十八，三球在一条直线上，海水受到的引力最大。钱塘江出海口呈喇叭形，江口大江身小，海潮从100公里宽的江口涌入，到海宁盐官只有3公里宽，而这时的江潮又从钱塘江上游向海口冲来，两水在海宁盐官这最窄处相撞，从而形成了举世闻名的自然奇观——海宁潮。

★龙泉青瓷

在山里山弯里弯的浙南山区龙泉，出产的青瓷杯列入《人类非物质文化遗产代表作名录》。龙泉青瓷具有青如玉、明如镜、薄如纸、声如磬的特点，可说在瓷器中是独一无二。龙泉生产瓷器比景德镇还早几个朝代，西晋时就开始烧制，宋代时是中国最大的瓷业中心，龙泉哥窑还是宋代五大名窑之一。

★绍兴东浦黄酒

绍兴黄酒为世界三大古酒之一，现与茅台酒都作为国宴酒。它的历史可追溯到大禹治水的时候。

绍兴黄酒具有香、醇、柔、绵、爽的特性，特别是绍兴东浦黄酒，更是珍品。清乾隆皇帝南巡时曾到过东浦，他在孝贞酒坊品尝了佳酿后，挥笔书写"越酒行天下，东浦酒最香"。

到绍兴，一定要品尝东浦黄酒。

把酒话当年

★越剧

越剧，出在嵊州。它的历史在许多剧种中是最短的，从初创到如今的鲜花盛开只用了短短100多年，成为中国五大戏曲之一，仅次于京剧，为全国第二大剧种。

越剧演员大多是女子，又多以才子佳人为题材，唱腔抒情婉丽，剧情缠绵悱恻，透着江南的灵秀之气，因而在江浙沪一带深受老百姓的喜欢。

越剧老艺人

浙江素描

ZHEJIANG SUMIAO

1613年农历三月三十日，也就是公历5月19日，这天，云开日朗，“中华游圣”徐霞客怀着喜悦心情，从浙江宁海县城出西门，开始了前无古人的走遍全国的壮举，为中华民族留下了一笔宝贵的文化遗产——《徐霞客游记》。

“中华游圣”本人系江苏武进人，他在踏上这次全国之旅的路线时，不从家乡出发，却选择了远在千里的浙江宁海，接着便登天台，上雁荡。其对天台石梁山水情有独钟，游了一次不尽兴，过了3年又来重游，过了5 年第三次攀登石梁。一地三游，这在《徐霞客游记》中是绝无仅有的记载。浙江也由此成了《徐霞客游记》的开篇地！

这是浙江的荣耀！

但我们不禁要问：为什么在全国众多的省区中，徐霞客单单选择了浙江？这是个谜。这个谜，只有在游遍浙江之后才能破解。

“唐诗之路”新安江闻名中外，两岸风光旖旎，迷了古人，醉了今人。

东南地秀绝

"七山一水二分田"，青山秀水，滋养了浙江一方田地。

欧阳修有诗句赞浙江："东南地秀绝，山水澄清光。"十个字，将浙江秀丽的山水全概括了。

浙江位于中国的东南沿海，面积只有10.18万平方公里，为全国的1.06%，是中国面积最小的省份之一。但浙江的地理特征非常丰富，"七山一水二分田"，从浙北水网密集的杭嘉湖冲积平原，到浙东的宁绍平原和沿海丘陵，再到浙西、浙南的山区，浙中的红色盆地以及海岛，可谓山、河、湖、海全占尽。因了这得天独厚的地理地貌，浙江自然多名山胜水奇洞，有西湖、富春江、雁荡山、莫干山、普陀山、天台山、楠溪江、嵊泗列岛、双龙、仙都、雪窦山、五泄、江郎山、仙居、方岩、百丈漈、方山、天姥山

仙居梯田

小桥流水人家

18个国家级重点风景名胜区，有杭州、宁波、绍兴、衢州、临海、金华、嘉兴7座国家级历史文化名城，有全国重点文物保护单位130处，有国家级自然保护区10个，国家森林公园34个。

她还有许多的全国之最：有3000多个海岛，是海岛最多的省份；有全国最大的渔场——嵊山渔场……中国五大佛教名山中，有两座山（普陀山和雪窦山）在浙江。

历史悠久地

浙江七千年，从“南蛮国”华丽转身，变成富庶的“繁华地”。

7000年前，我们浙江的先民已从山洞里走了出来，来到了河姆渡，他们结束了茹毛饮血的生存方式，开始过起农耕的生活，向文明跨前了一大步，创造了光辉灿烂的史前文化，成为中华文明的又一个摇篮；5000多年前的新石器时代，良渚的先民们就已经使用了精美的玉器、彩陶，证明了良渚文明在当时的强势；而萧山跨湖桥文化的发现，又将浙江的历史推前了1000年，跨湖桥遗址是距今7000~8000年的人类新石器时代的遗址，它比良渚文化早了3000多年。

舜避乱于上虞，禹大会诸侯于会稽，勾践卧薪尝胆，钱王力治钱塘潮……7000年来，浙江人民以顽强的毅力和聪明才智，将一个洪水泛滥、荆棘丛生的“南蛮国”打造成“繁华地”。

江浙古镇素以“富庶”闻名天下。

江南财赋省

浙江山、河、湖、海全占尽，自古便是全国闻名的“鱼米之乡”。

浙江物产丰富，民风开放，自古经济就很发达。

浙江虽然是“七山一水二分田”，却是全国闻名的江南“鱼米之乡”、“丝绸之府”。浙江自唐以来，就已经成为全国的经济中心，养蚕、丝织、造船、制瓷、造纸、冶炼，都居全国之首，并且是历朝历代皇家的粮仓。浙江因得天独厚的温暖湿润的气候，适宜各种植物的生长，又由于山、河、湖、海全占尽，所以，农、林、牧、副、渔全面发展。龙井茶、杭白菊、黄岩蜜橘、南湖菱、金华火腿、庆元香菇、舟山海鲜……山上的，海里的，平地的，湖里江里的，各种土特产应有尽有。

浙江的海路、陆路交通都很发达，因而民风开放，勇于创新，在以农为本的时代就注重经商。从三国孙权开始，浙江就与东南亚诸国有贸易来往；到唐代，浙江商人

西湖翠柳

已东渡日本；至明代，浙江出现了手工作坊、商行等新兴的资本主义萌芽，并与欧洲也有了来往。无商不富，贸易搞活了，经济也搞上去了。浙江人具有超前意识和创新精神，总能抓住每个时代的机遇。改革开放以后，浙江的经济更加迅猛地发展，2008年GDP排名全国第四。

浙江人勤劳在全国有名，浙江人聪明也在全国有名。心灵手巧的浙江人热爱生活热爱美，从远古时代就开始创造了各式各样美的器物：河姆渡的黑陶、良渚的玉、春秋的剑……后来的龙泉青瓷、杭州丝绸、青田石雕、东阳木雕、湖州毛笔，都名扬四海。更有各地的民间工艺，如剪纸、灯彩、竹编等，甚至入选进《世界非物质文化遗产名录》。当前的《世界非物质文化遗产名录》中，中国有26项，浙江就占7项，为全国之最。

江浙人文薮

江南才子名满天下，浙江大地诗意芳香。

浙江更是一个人文荟萃的文化大省，稍稍地梳理一下，就会让世人惊讶。

半部中国诗歌史

谢灵运开了“山水诗”先河，沈约赋予诗歌以格律与音韵，“初唐四杰”之一的骆宾王一怒而起讨伐武瞾，贺知章“少小离家老大回”，张志和“桃花流水鳜鱼肥”，孟郊“春风得意马蹄疾”，罗隐愤世嫉俗的“今朝有酒今朝醉”，宋一代大词人陆游临死还不忘“但悲不见九州同”，贺铸“梅子黄时雨”，周邦彦“桥上酸风射眸子”，林和靖梅妻鹤子“暗香浮动，疏影横斜”，龚自珍“不拘一格降人才”……他们全是地地道道的浙江人。更有唐宋两代的诗人前来浙江或上任或游历或避难，写下了无数脍炙人口的诗文，如李白、杜甫、孟浩然、宋之问、白居易、元稹、范仲淹、王安石、苏东坡、李清照、柳永等等，前后总计有400多人，留下了一条绵长的“诗词之路”，使浙江的大地诗意芳香。

半部中国书法篆刻绘画史

东晋永和三年（347年），王羲之和谢灵运等一批朋友，在绍兴兰亭雅集，曲水流觞，饮酒赋诗，写下了千古流芳的《兰亭集序》，世称“天下第一行书”，成为后世行书的法式和典范；南朝陈至隋的名僧智永，是王羲之的七世孙，写有《真草千字文》，代表了隋代的最高水平，他的“永字八法”确立了楷书笔画书写法则；唐初的著名书法家虞世南、褚遂良同为“唐初四家”；中唐“饮中八仙”之一的贺知章是个草书高手；到了元代，出了一代巨匠赵孟頫，将诗、书、画、篆刻结合在一起；以后更有丰坊、吴镇、倪赞、王冕、徐渭、金农、赵之谦，一个个都在中国书法史上占有重要地位。

老手艺人刻章

中国的篆刻被列入《世界非物质文化遗产名录》，杭州的西泠印社功不可没。中国的篆刻艺术可以追溯到2000多年前的春秋战国时期，但自宋代米芾自刻第一枚印章开始，到元代赵孟頫独创篆字入印，文人治印之风大盛，从而形成了印学。100多年前，西泠印社的印人们立志于“保存金石，研究印学”，使得这一古老的文化艺术得到很好的传承。

黄宾虹像

中国的绘画至魏晋时名家的出现才标志着臻于成熟。东晋时

隐居剡县的戴逵是中国画史上最早的专业画家；盛唐的陈宏善画人物和马，曾与吴道子、韦无忝合画《金桥图》，时称“三绝”；唐代僧人贯休的罗汉像师承阎立本，但自成一家；“南宋四家”的李唐、刘松年、马远、夏圭；元代画坛领袖赵孟頫；画《富春山居图》的黄公望；“元季四大家”之一的吴镇，还有王蒙、王冕、王渊；明清的戴进、徐渭、蓝瑛、陈洪绶、金农、赵之谦、蒲华、任伯年，都是中国绘画史上的顶尖人物；而现代的“四大家”（齐白石、吴昌硕、黄宾虹、潘天寿）中，除齐白石外，都是在浙江生活过的。

半部中国思想史

东汉哲学家王充，是浙江上虞人，他是两汉时卓越的唯物论者和无神论者，他的《论衡》是一部划时代的哲学著作。南宋有以金华人吕祖谦为代表的金华学派、以永康人陈亮为代表的永康学派和以永嘉人叶适为代表的永嘉学派。吕祖谦创立了“以心御气”的心学；陈亮提出“务实”口号，批判理学家朱熹的空谈道德是历史的倒退；叶适明确认为物质是第一性的，对程朱理学的“道统说”提出大胆质疑。

300年后的明代，浙东余姚又出了一位大思想家王阳明，提出“心即是理”，认为人的心才是宇宙的本体。他创建的心学影响深远，打破了程朱理学的僵死教条，活跃了当时知识分子追求民主平等的思想。到清初，余姚又出了一个伟大的启蒙主义思想家和抗清志士黄宗羲，他在《明夷待访录》里将矛头直指封建皇帝，指出“为天下之大害，君而已矣”，揭示出明灭亡的根本原因。这是极具民主主义色彩的观点，后人将《明夷待访录》称为“中国的《人权宣言》”。黄宗羲是清代浙东史学派的开山鼻祖，比他早生10年的余姚人朱舜水是明清大变革时期著名学者。鄞县人万斯大、万斯同兄弟俩为编《明史》立下汗马功劳。鄞县人全祖望是清代著名历史学家，他续补了黄宗羲的《宋元学案》，七注《水经注》。

近代思想家和文学家杭州人龚自珍，提出了惊世骇俗的改革呼声：“与其赠来者以劲改革，孰若自改革。”冲破了“万马齐喑”的沉闷，揭开了近代中国思想史上的第一页。

“五四”不仅是一次文化革命，更是一次思想革命，时任北京大学校长的绍兴人蔡元培，担当了中国启蒙运动“保姆”的角色，使北大成为“五四”的摇篮。他是中国新旧文化接力赛中承前启后的巨人。而另一个绍兴人鲁迅，是我国现代伟大的思想家、文学家和革命家，是中华文化革命的主将，他的一生，是与封建主义斗争的一生。

半部中国小说史

东汉会稽山阴人袁康写了本《越绝书》，着重描写吴王夫差、越王勾践、伍子胥的故事；东汉会稽山阴人越晔撰写的《吴越春秋》被认为是我国现存最早的文言长篇历史小说；魏晋时志怪小说盛行，干宝的《搜神记》以虚幻的故事反映当时的现实；南朝刘义庆的《世说新语》记述了魏晋时期文人名士的言行，以极少的文字生动地描写了人物的性格，是后世人物笔记小说的模本；唐代多传奇，德清人沈既济的《枕中记》，将一个黄粱美梦做到现在；宋元时代，是小说史上一个继往开来的时代，夏噩的《王魁传》、洪迈的《容斋随笔》、周密的《齐东野语》、杨瑀的《山居新语》都是元代的笔记小说；到了元末明初，中国古代四大名著中的《三国演义》和《水浒传》诞生。《三国演义》的作者罗贯中长期居住在杭州，《水浒传》是“钱塘施耐庵的本，罗贯中编次”。另两本名著是清代的《红楼梦》和明代的《西游记》，《红楼梦》一直被认为是曹雪芹的作品，但现在有人提出另一个观点，认为是杭州西溪人洪升所著。如果这个观点成立，那么，中国四大名著中就有三部是出于浙江。

天一阁藏书

徐志摩雕像

半部现代文学史

翻开中国现代文学史，一长串浙江人的名字赫然入目：《新青年》的鲁迅、周作人、沈尹默、钱玄同；文学研究会的茅盾、胡愈之、夏丏尊；创造社的郁达夫；新月派的徐志摩；湖畔诗社的冯雪峰、应修人、潘漠华、汪静之；还有刘大白、戴望舒、李叔同、俞平伯、丰子恺、陆蠡、夏衍、王任叔、魏金枝、徐迟、艾青，更有革命作家柔石、殷夫，他们占据了一部中国现代文学史的半壁江山。

我想，当你们看了我对浙江的介绍，一定非常想到浙江来走一走，看一看吧！

浙江的山山水水，每一个风景里都有故事；浙江人文荟萃，会让热爱旅游的人目不暇接、满载而归。朋友们，欢迎你们来浙江旅游！

杭州人文地理

HANGZHOU RENWEN DILI

现在的杭州是个大概念，它包括市区的上城、下城、江干、西湖、拱墅、滨江六个区，郊区的萧山、余杭两个区以及富阳、桐庐、建德、淳安、临安五个县（市）。我这里介绍的仅是杭州市区。

在中国，甚至是全世界，可以说，没有一个城市有如此得天独厚的自然环境了：城中有西湖，千年古运河穿城而过，三面青山环抱，钱塘江像一条巨臂将她搂在怀里。

我兰州的朋友李老乡每次来电话，总是说："你太幸福了，住在人间天堂。"是啊，即使人生有许多的不如意，只要你能幸运地住在杭州，就能将那些不如意抵消。"上有天堂，下有苏杭"，将杭州比喻成天堂一点都不为过。因为，杭州有个胜似天堂的美丽西湖，杭州人就生活在西湖这个大花园里。

但是，在很久很久以前，杭州城和西湖所在地只是一个海湾。2000多年前，大禹治水南巡，大会诸侯于会稽，曾乘船经过这个海湾，只见一片汪洋和一些小岛。他有没有停下船登上小岛，我们后人不知道，但从此有了"余杭"地名，也即杭州。余，"禹"的谐音，"杭者，方舟也"，汉代许慎编的《词源》中这样解释。

西湖北面的宝石山上有一块巨石，传说是秦始皇东巡时在石上系过船。《史记·秦始皇本纪》中记载："三十七年十月癸丑，始皇出游，过丹阳，至钱唐，临浙江，水波恶……"当时西湖还未形成，只是一片海滩。那时，连钱塘江也没有成形。

到东汉时，开始设置钱唐县，并兴修水利，从宝石山至万松岭修筑了第一条海

京杭大运河，杭州的"城之命脉"。

塘，将海隔断，成为内湖，称“钱唐湖”，唐时因避讳国号改“钱塘湖”，也即西湖。

到隋朝时，废钱塘县，设杭州。随后，从镇江到杭州的江南大运河的开凿，为杭州的繁荣奠定了基础。

杭州真正的繁荣是从吴越王钱镠时开始。钱镠在杭州凤凰山下建都城，在钱塘江修百里护岸海塘，将西湖水引入城内运河，置“撩湖兵”千人，疏浚西湖。经过吴越国85年的努力，杭州成了“东南第一郡”。欧阳修曾如此描述杭州：“钱塘至五代时，不被干戈，其人民幸福富庶安乐。十余万家，环以湖山，左右映带，而闽海商贾，风帆浪泊，出入于烟涛杳霭之间，可谓盛矣！”柳永《望海潮》词：“东南形胜，三吴都会，钱塘自古繁华。烟柳画桥，风帘翠幕，参差十万人家。云树绕堤沙，怒涛卷霜雪，天堑无涯。市列珠玑，户盈罗绮，竞豪奢。重湖叠巘清嘉。有三秋桂子，十里荷花。羌管弄晴，菱歌泛夜，嬉嬉钓叟莲娃。千骑拥高牙，乘醉听箫鼓，吟赏烟霞。异日图将好景，归去凤池夸。”更道尽了杭州的繁华、西湖的美丽和钱塘潮的壮观。

南宋偏安杭州后，杭州成了政治、经济、文化中心，人口从吴越时的20万剧增到100万。城内“街道纵横，十分宽阔，商店林立，摊贩满地，其物品之丰富，令人难以置信”。胭脂铺、书画装裱铺、金银铺、花铺、丝绸铺、书籍文房铺、瓦舍勾栏、酒肆茶坊比比皆是，当时城内有十大专业市场，分别是米市、菜市、柴市、鱼市、肉市、茶市、丝绸市、药市、书市、花市，就如我们现在的专业市场。城中河流遍布，家家门口有河埠，船是市民出行的主要交通工具。在御街（现在的中山中路）上，有三分之一的店铺都做与丝绸有关的生意，满大街是穿着绫罗绸缎的人。那时，钱塘江上舟楫风帆，蔚为壮观：“海商之舰，大小不等，大者五千料，可载五六百人；中等，二千料至一千料，亦可载两三百人。”（《梦粱录》）船舶之大

京杭古运河（老照片）

钱王雕塑

秋色，曲院风荷。

西湖北山街

可与万吨远洋轮媲美。更让人不可思议的是，都城杭州人的福利可比当今福利最好的国家："若住屋，则动蠲公私房赁，或终岁不偿一镮；诸务税息，也多蠲放，有连年不收一孔者，皆朝廷自行抱认……雪降则有雪寒钱；久雨久晴，则又有赈恤钱米；大家富室，则又随时有所资给；大官拜命，则有所谓抢节钱；病者则有施药局；童幼不能自者，则有慈幼局；贫而无依者，则有养济院；死而无殓者，则有漏泽园。民生何其幸欤！"（宋周密《武林旧事》）怪不得元代时，意大利旅行家马可·波罗来到杭州，被杭州的美丽和繁华惊呆了，称其为"世界上最美丽华贵之城"。

南宋153年的历史，在元军的攻打下结束。元伯颜元帅在进杭州城时，下令不许毁城。美丽的事物会让入侵者也手下留情的，杭州城得以保留。现在杭州的旧城区仍是800多年前南宋时的格局，南宋的遗风也一直保留到现在。杭州人的悠闲、生活情调，都是许多大城市人无法企及的。怪不得杭州市政府要将杭州打造成"爱情之都"、"休闲之都"。要提一下的是，中国四大民间爱情故事中有两个出自杭州：梁山伯与祝英台、许仙与白娘子。

回顾杭州的历史，从一片汪洋的海湾到一个世界级的繁华都市的形成，几千年的沧海桑田中，凝聚着先辈们多少的辛劳。我们居住在这个美丽城市的人，还有什么不满足的？2011年，西湖申遗成功，"西湖文化景观"列入《世界文化遗产名录》，让杭州人的幸福指数更高了。

杭州现在已经在向钱塘江两岸发展，现代气派的钱江新城和滨江区犹如上海的浦东，正焕发着蓬勃朝气，越来越美丽与大气，让世人瞩目。

风景

杭州不独有西湖，却因西湖名扬天下。一片西湖水，是多少人心中的梦？

带你游西湖

西湖晨色

大作家余秋雨在《西湖梦》一文中说："奇怪的是，这个湖游得再多，也不能在心中真切起来。过于玄艳的造化，会产生一种疏离，无法与它进行家常性的交往。"我觉得他只写出了一个西湖外来客的感觉。而我，这个在西湖边长大的人，却时时刻刻都觉得与它血肉相连。那一年，我要去农村插队，不知道这辈子能否再回来。站在八月夜的西湖边，心中涌起了最强烈的悲伤："难道我真的要离开你了吗？"我能够离开家离开亲人，但最不能忍受的是离开这一片西湖水。

我们家住在湖滨，离西湖只有五六分钟的路。小时候，妈妈常要我们与她抬着装满衣服、被单的竹篮子，去湖边洗濯（现在已禁止洗濯），这是我们最开心做的事情。被单搁在湖埠头的青石板上，小脚踩得水花四溅，妈妈看着我们闹腾，满眼慈爱。夏天，从一公园到六公园就是我们孩子的游乐场，捉强盗站木头人躲猫猫，三公园的国民革命军八十八师抗日将士纪念像、六公园的志愿军塑像背后，总有我们的身影。春天，去净寺的路上，两边的枫树杨树架起了绿色的隧道，它们的种子像一串串小元宝在风中摇晃，我们女孩子会拿着竹竿去打下一串，一颗一颗用力向眉心按，像佛痣，像欲飞的小鸟，粘得满脸都是。然后，你看我笑，我看你笑，奔跑着，追赶着，洒下一路欢愉。秋天时，满山的叶子黄了，果实成熟了，我们背着倒空了的小书包，经过南山路，去万松岭采马尾松果、麻栗果，给守卫在东海小岛的解放军叔叔寄去。冬天，北山街的法国梧桐树叶已落尽，下雪时，那枝干像巨大的白珊瑚丛矗立在湖边，真

像进入童话世界。西湖，春桃夏荷秋桂冬梅，四时鲜花，晨晖暮霞，百看不厌，千看不憎。

在全国，再没有一个城市像杭州一样，公园在城中，城市在公园里。西湖，就像我家的前花园、后花园，我闭着眼睛也能摸到她的角角落落，那就让我带着你们游西湖吧！西湖从南宋时就评出了“十景”：平湖秋月、曲院风荷、三潭印月、双峰插云、苏堤春晓、花港观鱼、断桥残雪、柳浪闻莺、雷峰夕照、南屏晚钟。随着景点的不断扩充，1984年又评出“新十景”：云栖竹径、满陇桂雨、虎跑梦泉、龙井问茶、九溪烟树、吴山天风、阮墩环碧、黄龙吐翠、玉皇飞云、宝石流霞。名字很美，但不易记忆。我用最简单的数字将这些景点串起来，相信游过的人再也不会忘记。

一湖潋滟

西湖，曾名钱塘湖、武林湖，自苏东坡写名句“欲把西湖比西子”后，人们就称它为西子湖、西湖。原来，这里是一个海湾，沧海桑田，逐渐成了内陆湖。到唐时已基本形成了至今的模样。水面有6.3平方公里，平均水深2.27米，最深处有5米。绕湖一周有15公里。湖中有“三堤”（白堤、苏堤、杨公堤）、“三岛”（三潭印月、湖心亭、阮公墩）、“一山”（孤山）。这三堤将湖面分割成里湖、外湖、岳湖、西里湖和小南湖、乌龟潭、浴鹄湾。水波潋滟，游船点点，远处山色空蒙，青黛含翠。春天，三堤上隔株杨柳隔株桃；夏日，里西湖接天莲叶无穷碧；秋夜，平湖秋月和三潭印月，月

山影重叠，将西湖衬托得更加秀美。

光、灯光、湖光三光互映，月影、塔影、云影三影相衬；冬雪后，孤山、灵峰红梅绽放，疏影横斜。西湖四时风光都是美不胜收，正如苏东坡说的“淡妆浓抹总相宜”。

西湖的东面是杭州城区，从湖滨到六公园是步行的湖岸，古樟参天，鸟语花香，音乐喷泉在《梁祝》的乐曲中妙曼起舞，后面就是繁华的商业街——东坡路、延安路和解放路。西湖另三面被山环绕，从南面的吴山起，山势逐渐升高，到南高峰、北高峰为最高后，山又逐渐降低，到北面的宝石山时，已与吴山平行。山重重叠叠，无不葱茏苍翠，将西湖衬托得更加秀美。

二塔对峙

杭州有三座塔最有名：保俶塔、雷峰塔、六和塔（六和塔在山那面的钱塘江边，另表）。

保俶塔在西湖北面的宝石山（也名保俶山）上。这宝石山原来叫“巨石山”，只有100多米高，但很有特色，山体属火成岩，石色赭红，在巨大的石块上人们可远眺西湖，美景尽收眼底。

我有好多年在附近的小山上上班，办公室走廊上就能远远看见保俶塔秀丽挺拔的身影。我和同事午饭后常去登宝石山，山上来凤亭、初阳台、秦皇缆船石、葛岭抱朴观等名胜古迹前留下过我们多少脚印。当然，保俶塔是去得最多的地方，它是西湖亮丽的标志。

保俶塔建于吴越最后一个国王钱弘俶时期，据说是他降宋后，其舅父当朝宰相吴延爽，为保佑他的平安归来而建造的。曾经名应天塔、宝所塔等，但人们一直称它为保俶塔。元明清三代六修，现在的塔是1933年照原样建造的，是个砖砌的实心塔，45.3米高。尖尖的青灰色的塔像一把巨大的出鞘的剑保护着西湖山色，保护着钱俶王。它是一座平安塔、和平塔。

宝石流霞

雷峰夕照

古有“雷峰如老衲，保俶如美女，六和似将军”之说，在西湖南面与如美女的保俶塔遥对的夕照山上有一座如老衲的雷峰塔。这雷峰塔因法海将白蛇精白娘子镇在塔下的传说而扬名。塔建于975年，传说是钱弘俶为庆祝宠妃黄氏得子而建，曾称黄妃塔，但因建在夕照山雷峰顶上，后来名为雷峰塔。塔为砖木结构，原为七级，因遭雷劈，再修时只有五级。明嘉靖年间，倭寇入侵杭州，怀疑塔内藏有明军而放火烧了塔，只剩下了砖体塔身。400多年间，它歪歪斜斜地残缺在湖光山色中，有一种凄清的美。清末民初，传说塔砖可以用来驱病强身安胎，许多人就去偷挖塔下的砖块，还有的人就乘机偷盗塔内藏着的经卷。1924年9月25日下午1时40分，雷峰塔因几乎挖空的塔基不堪重负，訇然而倒。

鲁迅曾为雷峰塔的倒塌一论二论，并为白娘子终于获得自由而拍手称快。雷峰塔要不要重修，解放以后一直因鲁迅而讳。其实，鲁迅赞颂的是精神上的雷峰塔，不是现实中的雷峰塔。1999年，杭州市决定重建雷峰塔。新塔分地下两层，地上五层。地下两层是遗址保护层，用玻璃包围起来，游人可以在外观看。地上的五层塔，70多米高，金碧辉煌，登塔可凭栏远眺，粼粼波光一望尽收。在建塔的时候，挖出了1000多年前的珍藏有佛螺髻发舍利的纯银阿育王塔和钱俶王印造的《一切如来心秘密全身舍利箧印陀罗尼经》经卷，价值连城。

三堤三岛

西湖中有三堤，这三堤像三条绿色的带子在孤山、栖霞山处打了个美丽的蝴蝶结，飘逸在波光中。三堤名：白堤、苏堤、杨公堤。西湖中有三岛，像三块绿宝石镶嵌在西湖的明镜中。三岛名：三潭印月、湖心亭、阮公墩。这三堤三岛都是用疏浚西湖的葑草淤泥所筑，既解决了淤泥的去处，又增添了西湖的美感，可谓一举两得。

白堤，长1公里，从断桥始，到西泠桥止。这断桥是许仙与白娘子第一次邂逅的地方，这西泠桥下两边有南齐钱塘名妓苏小小和辛亥革命烈士秋瑾的墓。白堤将西湖分为外湖和里湖，并将孤山和北山相连。

公元822年，50岁的大诗人白居易被贬官从京城长安来到杭州任刺史。心情虽然不好，但他看到西湖积满了葑草淤泥，涝时水满杭城，旱时湖水干涸，就立即着手疏通

断桥，西湖众多桥梁中，它名气最大。

40年前李泌开的六井，解决老百姓的喝水问题，并开始整治西湖。白居易筑的堤从钱塘门开始，将湖分为上湖、下湖，平时蓄水，旱时灌田。

现在的白堤不是白居易修的，以前就有，称“白沙堤”。白居易常来漫游，曾为之写下名诗《钱塘湖春行》：“乱花渐欲迷人眼，浅草才能没马蹄。最爱湖东行不足，绿杨荫里白沙堤。”

白居易在杭州为官三年，兴水利、建石涵、疏六井、治西湖，政绩卓著，功德无量。他走的时候，杭州人扶老携幼，洒泪送别。白居易写诗告别：“税重多贫户，农饥足旱田。惟留一湖水，与汝救荒年。”老百姓为了纪念他，从此将白沙堤称为“白堤”。

苏堤，南起南屏山麓，北到栖霞岭下，全长2.8公里。这一条堤是苏东坡在任时，疏浚西湖，用挖出的湖泥所筑。后人为了纪念苏东坡的功绩，将其称为“苏堤”。

苏东坡曾两次来杭州上任。第一次是1071年，年方36岁，因反对王安石的变法而被贬到杭州。在杭州三年，虽只是一个副手，但仍亲自调查，将已破败的300年前开凿的六井治理好。

15年后，苏东坡第二次来杭州任太守。这时的西湖已十之五六淤塞。这一年又逢大旱，湖水干涸，良田得不到灌溉。第二年夏天又连续大雨，街巷成了河道，百姓苦不

堪言。苏东坡要为西湖请命，1090年，他毅然上书朝廷，写了《乞开杭州西湖状》，请求保护西湖。朝廷没有给他一文钱，只给了他100道僧人度牒去换钱。苏东坡写字作画，亲自发起募捐。在他为治湖呕心沥血的努力下，杭州20万人参与了此工程，几个月的时间，就将西湖治理好。苏堤落成后，苏东坡写诗《筑堤》，表达他由衷的欢喜："六桥横截天汉上，北山始与南屏通。忽惊二十五万丈，老葑席卷苍烟空。昔日珠楼拥翠钿，女墙尤在草芊芊。东风第六桥边柳，不见黄莺见杜鹃。"

杨公堤，从前杭州人称其为"西山路"。其实，这条堤在300年前就与苏堤、白堤齐名。追溯历史，西湖经历了唐宋的辉煌，到元时被冷落，葑草蔽湖，水流如线，富豪们将西湖一块块霸占。到明初时，官府索性将傍

杨公堤环碧桥

湖水面划给了富豪。当时有歌谣为证："十里湖光十里笆，编笆都是富豪家。待他享尽功名后，只见湖光不见笆。"

明弘治十六年（1503年），杨孟瑛从四川来到杭州上任。这时的西湖已十有八九被人霸占。白居易治湖时，不用奏请朝廷；苏东坡打了报告就批；杨孟瑛一次次上书，整整五年才批准。1508年2月2日开工，杨太守亲临指挥疏浚工程，动用民夫八千，用六个月时间恢复了西湖本来面目，将挖出的葑草淤泥增高拓宽苏堤，重现"六桥烟柳"景色。其余的葑草淤泥筑了另一条堤，与苏堤平行，从栖霞岭起，绕丁家山到南山止。后人为纪念杨孟瑛，将此堤称为"杨公堤"。

杨公堤也有六桥——环碧、流金、卧龙、隐秀、景行、浚源，俗称"里六桥"；苏堤的六桥——映波、锁澜、望山、压堤、东浦、跨虹，称"外六桥"。

又是沧海桑田，由于西湖淤浅，杨公堤渐渐消失，到1947年，政府将此堤修成西山路。路的西面都是茭田沼泽，住着许多农家，他们靠在山上种茶生活。2002年，市政府决定扩大西湖，西湖西进，将西山路仍改为杨公堤。现在的杨公堤又恢复了"六桥"，桥的西面挖出了乌龟潭、浴鹄湾，使西湖的水面扩大了四分之一。农民的房子都由政府规划建造，白墙黑瓦，像世外桃源，农民开起了农家茶馆，城里人在这里可以品茗，吃农家菜。

三潭印月，是西湖三个岛中最大的岛，有7公顷大，于明万历三十五年（1607年）修浚西湖时，用挖出的湖泥堆积而成。岛中有湖，湖里九曲石

西湖船家

西湖腊梅悄然盛开。

隔窗望湖

桥连通南北。岛上亭台楼阁，鸟语花香。岛的南面湖水里有三座石塔鼎足而立，高2米，状如三只圆肚酒瓶，塔身中空，凿五个圆孔，据说最初为苏轼所建。苏轼疏浚西湖后，为了不使湖泥再度淤积，在堤外湖水深处立了三座瓶形石塔，名为“三潭”。

有一年中秋，我和浙成曾租船夜游西湖，到三潭印月看月亮。塔身的五个圆孔用白纸糊了起来，在月亮的映衬下，像五个小小的月亮。划船的师傅跟我们说在这里可以看到三十三个月亮，我们数来数去就只有三十二个：天上一个月亮，湖中一个月亮，每个塔中有五个月亮，塔映在水里又是五个月亮，加起来三十二个月亮。师傅说：还有一个月亮在我们心中呵！

湖心亭，顾名思义，就是说这个岛上有一个亭子。在宋代时，岛上曾建有湖心寺，后来倒塌了。明代时知府孙孟建了振鹭亭，这就是湖心亭的前身。登上湖心亭，像登上船的甲板，可一览四时风光，三面群山叠翠，一湖波光潋滟。乾隆帝到杭州时，也饶有兴致地登上湖心亭，并挥毫写下“静观万类”、“波涌湖光远，山催水色深”。其实，湖心亭岛很小，只要几分钟就逛完，但它是三个岛中年纪最大的。

阮公墩，是清嘉庆五年（1800年）由浙江巡抚阮元主持疏浚西湖时，用湖中挖出的葑草淤泥堆筑而成。阮元不仅疏浚西湖，还兴学重教，重修了《浙江通志》，编成《两浙金石志》，为浙江的文化和西湖的治理作出了很大的贡献，杭州人为了纪念他，将此小岛取名“阮公墩”。

小岛面积8.5亩，因泥土松软，一直荒废着。直到1982年，才开发成如今的绿树花丛藏竹舍的水上园林。

四庄春秋

从北山街到南山路再到杨公堤，沿西湖有许多私家花园、别墅，数汪庄、刘庄、蒋庄、郭庄最有名。

汪庄，在西湖南屏山前，又名“屏山园”。原来是安徽茶商汪自新于1929年建造的，占地24万平方米，三面临湖，景色优美。但因为占西湖面积太大而引来了官司，最后只得以他百年后将汪庄交给政府而摆平。汪自新喜欢古琴，有唐、宋、元、明古琴上百张，在园里建“今蜷还琴楼”。抗战时，汪庄被日本人炸毁。1950年，与刘庄同时改建，将白云庵、雷峰塔划入汪庄。

解放后，里面一直戒备森严，大门口有荷枪实弹的士兵把守，经常会见到便衣警察走过来将一些好奇的人赶开。我们只知道经常会有中央首长来住，显得很神秘，“文革”后才知道毛泽东主席来杭州总喜欢住这里和刘庄。现已对外开放，称“西子宾馆”。

刘庄，在西湖西南西里湖畔，是西湖边最大的私家花园。

清光绪年间，广东举人刘学询进京会试，归家途中经过杭州，感慨“故乡无此好湖山”，决定举家迁到杭州。他在西湖边买了地，将老家豪宅刘庄的楠木门窗、红木家具搬拆来，建成“水竹居”，楼台水榭、曲桥廊亭，与湖光山色融为一体。从此，刘学询做了杭州人，1935年去世。

1937年，日本人占领杭州，刘家人将红木家具都扔进湖里，各自逃散。

解放后，刘庄与汪庄一起重修，也成了常人不能进去的地方。毛泽东来杭州也常住这里，他在这里起草了新中国第一部宪法。当年周恩来总理陪同美国总统尼克松来杭州，在这里起草了《中美上海公报》。现也对外开放，称“西湖国宾馆”。

现在的刘庄将康庄也包括进去。康庄是康有为建的别墅，名“一天阁”，在丁家山顶。

蒋庄，在西湖西南花港观鱼，也即西山公园里，西邻西山，北枕西里湖。它原名“小万柳堂”，是无锡著名金石书画家廉惠卿和他妻子吴芝瑛的别墅。吴芝瑛是秋瑾的好友，但俩人都不善经营，只得将房子卖给了南京富商蒋国榜，更名为“兰陔别墅”，后名为“蒋庄”。

蒋庄只有3000多平方米，主楼建于1901年，中西合璧。“两面长堤三面湖，一园山色一园湖”，蒋庄极巧妙地借了西湖山色，居室即可观景。蒋庄里最显眼的是两株高大的广玉兰树，开花时，花大如碗似盆。

中国最后一位国学大师马一浮，自1950年后一直住在这里。因蒋国榜是他的学生，1966年，“文化大革命”也“革”了马一浮的命，他的古书古画烧了整整一天，人被赶出蒋庄。

现在，蒋庄成为“马一浮纪念馆”。

郭庄，是最有江南园林特色的私家花园。1991年整修时，保持了它的原汁原味。

郭庄建于清咸丰年间，主人姓宋。后家道败落，将房子卖给了绸缎商人郭士林。郭是山西汾阳人，所以又名“汾阳别墅”。

郭庄坐落在杨公堤上，面临西里湖，远望苏堤六桥，近挨曲院风荷，咫尺之地，不觉其小。坐在湖边品茗，清风拂面，鸟语花香。

修复郭庄时，中国园林大师陈从周先生一再强调：园林之妙，妙在借景。他曾前后五次来指导，并撰《重修汾阳别墅》。

只是不知为何郭庄要收门票，是西湖边少数几个要收门票的景点。

郭庄，西湖周边最具江南园林特色的私家花园。

蒋庄，秀美的私人庄园。

五馆荟萃

杭州的博物馆和纪念馆数不胜数，全部不收门票。博物馆大多是专题的，如茶叶博物馆、中药博物馆、丝绸博物馆、南宋官窑博物馆、印学博物馆、都锦生织锦博物馆、运河文化博物馆、财经博物馆等等，是游客不能不去的地方，它们能让你更详尽地了解中国博大精深的文化、历史。因篇幅有限，我这里只介绍五个主要的馆所。

中国茶叶博物馆，是全世界独一无二的茶专题博物馆。它背倚吉庆山，面对五老峰，四周茶园簇拥，远处白墙黑瓦，馆前潺潺流水，曲径花廊水榭，没有围墙，不设大门，将田园风光和错落有致的建筑结合得完美无瑕。馆内可参观可休闲。展览大厅分茶史、茶萃、茶事、茶具、茶俗、茶缘六部分，将中国源远流长的茶文化解说得淋漓尽致。

织机

南宋官窑博物馆

龙窑遗址

中国丝绸博物馆，在西湖南面的玉皇山脚，占地5公顷，1992年2月开馆，是世界上最大的丝绸博物馆。

浙江的传统蚕桑丝织技艺被列入《世界非物质文化遗产名录》，博物馆内的陈列大厅里将养蚕、结茧到缫丝、织绸的过程一一展现，并详尽地介绍了中国丝绸的历史和走向世界的“丝绸之路”。

丝绸博物馆与茶叶博物馆一样，馆内小桥流水，桑园芊草，有展厅、商场、茶室，休闲与参观为一体。

南宋官窑博物馆，在西湖南玉皇山下八卦田旁。1990年建成，建筑面积3300平方米。是中国第一座陶瓷博物馆。

南宋官窑是南宋朝廷专设的御用瓷窑，为宋五大名窑之一。20世纪80年代，考古学家们在这里挖掘出了800年前的南宋官窑——龙窑和制瓷作坊遗迹。博物馆依势建了古窑保护厅、出土文物展厅和传统作坊制作区。建筑是短屋脊、斜坡顶的仿南宋风格。

博物馆内一大亮点是设置了官窑陶吧，观众可以亲自动手制作陶瓷。

胡庆馀堂中药博物馆，坐落在吴山脚下大井巷内，原来是号称“江南药王”的胡庆馀堂。清光绪四年（1878年），红顶商人胡雪岩耗银三十万两，用上乘的香樟、楠木等建成了一座江南园林式的药店。建筑金碧辉煌，典雅古朴，前后分三进，前店后厂。

1987年，在这里创办了我国首家中药博物馆，分中药起源、陈列展厅、手工作坊、营业大厅和保健诊疗五部分，集参观、看病、买药于一体。

胡庆馀堂

文澜阁，它不是博物馆，而是一个图书馆，因它的重要性，必须写上。

文澜阁在孤山脚下，现在的浙江省博物馆内。始建于清乾隆四十七年（1782年），是乾隆为珍藏《四库全书》而建的七大藏书楼之一。文渊、文源、文津、文溯、文汇、文淙、文澜七阁，其中三个在江南，文汇、文淙在咸丰年间被大火吞没，江南唯剩文澜阁。

文澜阁由圣因寺内的玉兰堂改建成，由浙江商人捐资，于1783年建成。“阁在孤山之阳，左为白堤，右为西泠桥，地势高敞，揽西湖全胜。”

其实，文澜阁在清咸丰十一年（1861年）也被烧毁，部分藏书流散。光绪六年（1880年）重建，并把失散的书籍寻找、补抄。辛亥革命后又几经补抄，《四库全书》终于恢复。解放后归浙江图书馆管，现正在重新整修。

钱江大桥

六和塔

六和镇江

钱塘江像一条巨臂将西湖搂在怀里，六和塔就在钱塘江边的月轮山上，与西湖隔着一道山的屏障。此塔建于北宋开宝三年（970年）。当时，钱塘江潮水水患不断，吴越国王钱镠征集了民工二十万，在钱塘江沿岸百公里的海塘上，用毛竹剖开做竹笼，里面装上大石块，又用大木头做桩，将竹笼堆上，用以抵挡海潮的侵袭，有效地控制住海潮，使江两岸的盐碱地成了良田。为镇江，笃信佛教的钱王又命智觉禅师主持建塔，取佛教“六和敬”之义，命名为“六和塔”。

现在的六和塔是南宋绍兴年间重建，清光绪二十五年（1899年）重修。塔高近60米，外部木结构，八面十三层；内部七层，砖石结构，须弥座上雕刻着飞禽走兽花卉等各种图案，有螺旋楼梯可通塔顶。乾隆皇帝下江南时，曾登上六和塔，并为每层题了字，依次为：初地坚固、二谛俱融、三净明域、四天宝纲、五云覆盖、六鳌负载、七宝庄严。

站在塔内往外望，宽阔的钱塘江像一幅巨画在眼前展开，远处白帆点点，近处塔上风铃摇曳，我国第一座自行设计自行建造的铁路、公路双层钱江大桥就在塔下，此桥连接沪杭甬，是浙赣线的要道，由桥梁专家茅以升设计。大桥于1934年动工建造，1937年9月26日部分通车。这一年"七七事变"爆发，为了保住杭州，不让日军长驱直入南方，11月16日，南京政府下令茅以升炸毁钱江大桥。要亲手掐死自己的"婴儿"，茅以升欲哭无泪，但为了国家命运，他连夜带领工人在桥墩上装上炸药。11月17日，大桥全面通车，所有经过桥上的火车、汽车都是在炸药包上驰过的。开桥的第一天，桥里就先有了炸药，这在古今中外的桥梁史上绝无仅有。1937年12月23日下午5点，日军的先头部队已隐约到了钱塘江边，茅以升引爆炸药，一声巨响中，两座桥墩炸毁，只通车89天的1453米长的大桥瘫痪。茅以升在书桌前悲愤地写下八个大字："抗战必胜，此桥必复。"1953年，钱江大桥修复，现称"一桥"，另有五座桥横跨在钱塘江上。

红色的六和塔与铁色的钱江一桥是从南方进入杭州的标志。

七寺梵音

杭州古有"东南佛国"之称，在盛唐时，号称有三百六十寺。历朝历代，几毁几建。到太平天国时，太平军将西湖边的寺院几乎都烧毁。到"文革"时，只有灵隐寺被浙江大学的学生们保卫住。"文革"后，有的老寺院逐渐修复，有的不再恢复，如虎跑寺、龙井寺，现都做了茶室，但历史是抹不去的。杭州的寺院有佛教的，也有道教的、伊斯兰教的，下面选七个有代表性的逐一介绍。

灵隐寺，在北高峰下，是西湖边历史最悠久的寺院，建于东晋咸和三年（328年）。

灵隐寺僧人

咸和元年（326年），印度高僧慧理从中原云游到杭州，见有一峰胜似家乡的灵鹫峰，即在此建造佛舍。此峰名"飞来峰"，

灵隐寺飞来峰的弥勒像

灵隐寺

下天竺

寺名“灵隐寺”，从此也翻开了西湖的佛教史。

南朝梁武帝萧衍是有名的菩萨皇帝，他赐田给灵隐进行扩建，使灵隐成了巨刹。

唐末唐武宗发起了“会昌之难”的毁佛运动，灵隐也寺毁僧散。

到五代吴越王钱镠时，佛教又兴起一个高潮。他请高僧延寿扩建灵隐寺，有九楼十八阁七十二殿堂，僧房一千三百间，僧人三千。杭州的寺院迅速增多。

到宋代时，苏东坡在杭州当太守，他说一天跑一个寺院，一年也跑不过来。可见杭州的寺院之多。南宋宁宗嘉定年间，灵隐被誉为江南禅宗“五山”第一。

1689年，清康熙南巡，赐灵隐为“云林禅寺”，所以，灵隐又名“云林禅寺”。

天竺寺，从灵隐缘天竺溪而上，四周群山苍秀，云岚飘忽，溪水淙淙，不到一里路就到天竺寺。

天竺寺分下天竺、中天竺和上天竺。

下天竺又名法镜寺，也是建灵隐寺的慧理所建。

中天竺离下天竺半里路，又名法净寺。

上天竺离中天竺2里路，又名法喜寺，建于吴越王时期，是三寺中面积最大的。

灵隐、天竺的香火非常旺盛，到初春，一大群一大群头戴小红花、肩背黄布袋的烧香客会蜂拥而来，成为西湖一景。

虎跑寺，在西湖北面的大慈山下，建于唐代，寺名“定慧禅寺”。后因有“天下第三泉”之称的虎跑泉而改名虎跑寺。关于虎跑泉的来历，有一个神奇的传说：1200年前，高僧寰中和弟子性空从南岳云游到杭州，住在定慧寺。此时，杭城正逢大旱。夜里，寰中梦见神人，神人告诉他，即派二虎将南岳的童子泉移到定慧寺。天明，果然看见两只老虎在山边刨穴，不一会儿，一股清泉涌出。两只老虎从此不知去向。现在的虎跑泉泉水仍在汩汩流淌，是西湖边仅存的不多泉眼之一，许多退休的大伯大妈每天都会拎着大塑料桶去那里打水，这是真正的矿泉水。

1918年7月，蜚声中外的大艺术家、教育家李叔同在虎跑寺出家。现寺内有他的一部分遗骨，并辟有李叔同纪念堂。

净慈寺，在西湖南面的南屏山下，是仅次于灵隐寺的第二大寺，并称“西湖南北名刹”。此寺是吴越王钱镠时期建造，由修复灵隐寺与六和塔的延寿禅师主持，现在寺内还有纪念他的塔院。

20世纪80年代，曾风靡过一首流行歌曲《南屏晚钟》，唱的就是净慈寺的“南屏晚钟”，它与苏州寒山寺的“夜半钟声”齐名，在南宋时被列为“西湖十景”之一。明太祖洪武年间（1368~1398年），寺内又铸了一口铜钟，重20000斤。每天黄昏，暮色苍茫，钟声的巨响回荡在西湖的群山之中。清康熙下江南时，亲题“南屏晚钟”四字。

虎跑水

但净慈寺最有名的还是有关济公的传说。寺内有一口古井，传说是济公运木头用的。小时候，我对这口井非常好奇，曾探半个身子入井中去看，差点掉了下去，倒是看到了井里浮着一根木头，从此，信以为真。传说是这样的：在建净慈寺时，济癫和尚到天竺山下化缘木头，见一老太太，请她赠送木头数根。老太太见是一个手无寸铁的和尚，就慷慨地说：“这山上的木头由你拿。”济公一听，高兴至极，敞开袈裟，将整座山的树木一卷而空。他将卷来的树木都浸到井里，对木工师傅说：“你用一根取一根，够了你就说一声。”工程做得差不多时，木工师傅算算木材已差不多够了，就对济公说：“够了。”刚说罢，井里的木头就再也取不上来了。哪知最后还缺一根柱子的木头，师傅手艺高超，就用刨花卷了一根柱子。

济公塔

凤凰寺

高丽寺

这绝对是传说，但有时传说会让一个地方增添神秘的魅力。济公，实有其人，他是南宋时的僧人（1148~1209年），浙江天台人，因看破红尘在灵隐出家。他热情幽默，不拘小节，常做好事，被人称为“济癫”。1209年在净慈寺圆寂，葬于虎跑寺后。

凤凰寺，在杭州市中心中山中路上，这条路在南宋时是御街。凤凰寺是清真寺，是我国伊斯兰教四大古寺（另有扬州仙鹤寺、泉州麒麟寺、广州狮子寺）之一。建于唐朝，据说是埃及富商欧斯曼木·阿法尼建造的。当时，杭州已是世界上最繁华的大城市之一，“丝绸之路”使阿拉伯的商人云集于此，清真寺必不可少。宋朝时凤凰寺被毁，元朝的著名伊斯兰教大师阿老丁于1281年重修此寺，明朝时又扩建。1646年，凤凰寺再一次重建，成为当时中国最大的清真寺。现大殿中三组后窑殿是宋代和元代遗物。

凤凰寺旁有穆斯林饭店，有香喷喷的新疆馕饼卖，我们经常到那里去买，还得排队。

高丽寺，一听，就知道跟朝鲜有关。高丽寺原名慧因禅院，建于吴越钱镠王时期后唐天成二年（927年）。北宋时，高丽国王子来杭州求法取经，他捐款扩建慧因禅院，并赠送《华严经》，因而更名为“高丽寺”。从此，该寺又被誉为“华严第一道场”。

高丽寺在历朝历代中几毁几建，到太平天国时彻底被毁。直到2004年，有关部门参照《古高丽寺图》进行修复重建，对外开放。这里古木参天，旁边有于谦祠、俞曲园墓等。

韬光寺，在北高峰半山腰巢枸坞，建于唐穆宗长庆年间（821～824年），是四川的一位名僧韬光禅师所建。他为什么会把寺院建在这里呢？因为他出游时，师父嘱咐“遇天可前，逢巢则止”。韬光来到杭州巢枸坞时，正是白居易在杭州当刺史的年代，他突然悟到师父的话，即停下不再云游。

韬光寺里面有一洞，据说是吕洞宾炼丹的地方，因而它与道教有了联系。中国的儒、释、道，有时分家有时又不分家，吕洞宾是道教中的神仙，但他又为佛教护法。明万历十二年（1584年），当地人在此建纯阳殿，祭祀吕洞宾。

道教是求人长生不老的，因而韬光寺的香火很旺。有一年，我陪着我的一个中学同学去那里烧香，她得了再生障碍性贫血，说是寺里金莲池的泉水可以医病，许多有不治之症的人都到那里取水。可惜，我的同学仍然不治而逝。

八卦田畴

说起八卦田，得先说玉皇山和凤凰山，这两座山在西湖东南隅，西湖的传说就是从它们所起：天上的玉龙和金凤在银河里找到了一颗明珠，王母娘娘派天兵天将来抢明珠，明珠掉到地下，化成了西湖。玉龙和金凤也就跟着下凡，化成了龙山（玉皇山）和凤山（凤凰山）。

这玉皇山和凤凰山可不是等闲之地，它们自杭州建城始，就是政治文化中心。公元7世纪时，隋文帝杨坚将钱唐郡治改为杭州州治，凤凰山是州治所在地。公元10世纪，吴越国在这里建了皇城。南宋高宗南渡到杭州后，利用原来皇宫的基础进行扩建。现在这里是一片废墟，但留下了许多遗迹：当年皇宫的石柱、围墙虽破败但仍在；皇帝朝佛的圣果寺大殿虽已不在，但三尊高三丈的石佛像还残存着……它们在诉说着历史，告诉人们曾经的辉煌。

八卦田就在玉皇山下。此田有土丘、田塍、水沟，排列成八卦形，90余亩。春天，油菜花、紫云英开的时候，从山上看去，八卦图形清晰别致。“文革”期间，我曾在玉皇山下的水泥厂学工闹革命。正是油菜花黄的季节，一个工人一边将石块投进传送履带，一边望着窗外八卦田里的油菜花，自言自语地感叹：“油菜花又黄了！”我的内心不知怎么地被他的感叹撞击，升起了莫名的惆怅。从此，结束了我无忧无虑的少女时代。

据载，宋高宗赵构每年都会带领百官在此举行春播仪式，并亲自躬耕，激励百姓自力更生、丰衣足食。这里也是皇帝祭天的地方，玉皇山上供奉着玉皇大帝。

八卦田种着八种不同庄稼，一年四季呈现出不同颜色。

九溪烟树

坐4路车到九溪站往里走，或从龙井村进入，就到了九溪。九溪，顾名思义应该有九条溪，但其实只有一条溪。青湾、渚头、宏法、方家、百丈、唐家、佛石、云栖、小康九个山坞的水汇流到此成一溪，然后进入钱塘江。而龙井、诗人峙、鸡冠泷等的细流成涧，也汇合到此。因而，九溪又名"九溪十八涧"。

九溪源

九溪，其实是一个狭长的山坞，全长6公里，只能步行。两面是蓊郁的青山，脚下是叮咚的溪水，耳边是嘤嘤的鸟声。清末学者俞樾曾写诗描绘九溪："重重叠叠山，曲曲环环路。咚咚叮叮泉，高高下下树。"漫步在九溪的小路上，各个山头次第流来的山

九溪曲径

水像会跟你捉迷藏，它们有时横陈在路上拦住你的脚步，有时又直流而下抛你而去。山路上，不时筑有过溪的石磴，供游人跨溪而行。当然，也可以索性脱去鞋袜，与溪同行。在这样的路上行走，你浮躁的心会顿时宁静。

我国著名地质学家李四光在1947年到九溪考察，发现了古冰川遗迹。二三百万年之前，西湖还是千里冰封，龙井一带盆谷积蓄大量冰雪，后经九溪十八涧流出，于是形成了如今险峻幽深的地形。

十里琅珰

西湖三面环山，大大小小有近百座山。这近百座山有高有低，有远有近。每一座山都有它的名字，每一座山都有它的故事。登上哪一座山都能看到西湖，来西湖游玩，不登西湖的山，只能算玩了半个西湖。

有些年，我和浙成、白虹、民繁四个人每周六都要去爬山，我们爬遍了西湖边所有的山。有时早上6点起床，到晚上八九点才回到家。我们自称为“狗咬耗子登山队”，因两个人属狗，两个人属鼠。

十里琅珰牌坊

山分南山系和北山系。南面从吴山开始，爬云居山，过万松岭，登将台山、慈云岭、凤凰山，上玉皇山，一直连过去，可到理安山、月轮山、南高峰；北面上宝石山，攀栖霞岭、灵峰、将军山、瑞云山，到北高峰、美人峰、天竺山。我们最喜欢的是爬十里琅珰。十里琅珰在西湖西部的崇山峻岭中，它不是一座山，而是一条岭，“横看成岭侧成峰”的山岭，海拔只有200米左右。从梅家坞前的梅岭隧道前上山，走10里高高低低的山路到五云山，下山即是钱塘江边。

这十里琅珰是连接灵隐、龙井、五云山的捷径。从前，散落在西湖山里的村民和从富阳、萧山来的香客，都会翻这一条岭去天竺、灵隐烧香拜佛。

4月份，满山的香珠花开了，淡黄的夹着幽幽药香的小花满树满树的，把整个山都挤得满满的。平坡上，碧绿的龙井茶已经在采摘，采茶女的红衣衫像山花一样开放在绿色中。岭上空气清新，视野开阔，让人有说不出的舒畅。杭州人有“抖抖绸衫郎当裤”的俗语，意曰很舒适放松，可能就是此岭名字的来由。

“排队了！”

西溪，都市里的桃花源

西溪，在西湖北山之阴，从松木场到古荡以西。清康熙《钱塘县志》里描述：“由松木场入沿村十里至留下，溪水清浅，轻篙短艇，夹岸苍松翠竹，风光掩映；地多梅，疏篱茅舍，极尽幽妍之致。”

1934年秋天，郁达夫游西溪后写了《西溪的晴雨》一文，他说：“游西溪，本来是以松木场下船，带了酒盒行厨，慢慢地向西摇去为正宗。”他坐的是车，没有坐船有味道。这松木场，原来都是河港、池塘、沼泽，一副乡村模样，现在已属市中心了，房屋栉比，车水马龙。20世纪七八十年代，城市扩大，房屋很快地蚕食了城市周边大块的土地，大片的西溪湿地上都盖起了住宅楼。我住的地方，原来也属西溪，楼旁有一条小河流淌，名冯家塘河，是西溪的一条支流。我买这房子时，就是看中一河碧绿的开着紫色小花的水浮莲。

2002年，杭州市的官员们突然意识到西溪湿地其实是“杭州的肾”，这个肾已越缩越小，生活、建筑垃圾随处可见，河道阻塞，河水发臭，保护西溪已刻不容缓。因此，决定“西溪且留下”，在这里建国家湿地公园。这样，从原先60平方公里的湿地中总算抢救出了10.8平方公里的湿地。

西溪湿地船娘

西溪且留下

1130年，宋高宗赵构决定定都临安府（杭州），在皇宫选址时，他亲自与大臣四处勘察，来到西溪，被这里山明水秀的美景迷住了，想在此建行宫。但是，从1127年以来，他被金兵追击，一直逃亡，政权刚稳定，财力又有限，要大规模地建宫殿是不可能的。他不无遗憾地对随行的大臣们说："西溪且留下。"从此，留下了西溪，这也是"留下镇"地名的由来。

留下镇原名西溪镇，是北宋时钱塘的四大镇之一。吴越国时曾驻兵屯守，设置西郊将台。宋高宗不能在这里建皇宫，便将十万禁军驻扎下来，成为京都的屏障。那时，西溪一带十分繁华，寺院林立，酒肆极多，连宋高宗也曾进过一酒肆喝过酒，并写御牌"不为酒税处"。历朝历代卖酒都是要交税的，这家酒肆竟被皇帝免了税，可够幸运的。

西溪也是文人墨客非常喜欢的地方，因为春可踏青，夏可采菱，秋可观芦，冬可赏梅。北宋的隐士林和靖、词人秦观、诗人杨蟠都游过西溪。至南宋、元、明、清时，更有许多名士、遗老索性隐居在这里。正如明末文人张岱说的："欲寻深溪盘谷，可以避世如桃源、菊水者，当以西溪为最。"1689年，清康熙大帝第一次到杭州就游了西溪，并写下一首五言诗《西溪》："十里清溪曲，修篁入望森。暖催梅信早，水落草痕深。俗籍渔为业，园饶笋作林。民风爱淳朴，不厌一登临。"当时陪同康熙的是大臣高士奇、沈德潜等，高士奇是西溪人。1751年，康熙的孙子乾隆也第一次来到了杭州，他也游览了西溪，在西溪探梅，并写了好几首诗赞西溪。

西溪龙舟赛

自酿酒

西溪茶馆

河渚街

河渚胜景

千百年来，西溪人世世代代在这里养鱼育蚕，过着自给自足的平静生活。开发西溪国家湿地公园后，相关部门将西溪的蒋村、深潭口、三深、王家桥、周家桥一带的农户都迁出，这里统称“河渚”。明代钱塘文人施万有一诗《河渚渔歌》赞美河渚：“一水绕林峦，西回复东去。曲曲有渔家，自傍菰芦住。日暮荡轻舟，歌声出深村。空负羡鱼心，莫辨投笔处。”河渚古称“南漳湖”，至明清时“水渐杀，土渐出，伏而为滩，突而为洲。民得依之以居，河渚自此名焉”。这里河港纵横，鱼塘遍布，红柿满树，千顷蒹葭十里洲。

西溪深潭口

河渚曾经有十多座庵寺祠庙，都散落在小岛汀洲之中。最有名的是秋雪庵，建于南宋淳熙年间（1174~1189年），初名“大圣庵”。庵的四周都是芦苇，一到秋天，芦花似雪，明末时改为“秋雪庵”。民国时，秋雪庵建有两浙词人祠堂，供奉历代词人的牌位1044个，是中国词人“圣地”。现在原址上重建了秋雪庵和交芦庵、曲水庵，恢复了“秋雪八景”、“曲水八景”。

河渚的深潭口，是蒋村端午赛龙舟的地方，《南漳子》记载：“深潭口，非舟不渡；闻有龙，深潭不可测。”每年端午节，深潭口的大樟树下锣鼓喧天，人声鼎沸，四乡八里的人都拥来看男人们赛龙舟。西溪的赛龙舟习俗始于唐宋，一直延续至今。

河渚有一座河渚塔，旧时称“杭公塔”，建于清咸丰年间，是当地的文人为纪念杭世骏（1696~1773年）而建。这杭世骏在清乾隆八年（1743年）殿试翰林院诸官时，以洋洋洒洒五千字直言朝廷用人的偏见。乾隆勃然大怒，要处他以极刑。幸亏刑部尚书竭力求情，才免一死，却被革职回乡，从此隐居西溪著书立说。1765年，乾隆南巡到杭州，接见了杭世骏，问道：“汝之性情改过么？”杭世骏答道：“臣老矣，不能改也。”世人称他为“杭铁头”，后来，杭州人将性格倔强的人称为“杭铁头”。

登上河渚塔，能远眺西溪湿地全景：大面积的水体被纵横的阡陌划分成一面面明镜似的鱼塘、苇田，阡陌上的绿树野花像花边镶嵌着；河流在其间流淌，有轻舟滑行，时而有白鹭翱翔，翠鸟鸣叫；白墙黑瓦的民居村舍、古街集市，犹如另一幅《清明上河图》。

洪钟别业

从西溪国家湿地公园的西大门进入，沿着福堤走，过了河渚街，就到了“洪钟别业”，这是一幢有假山花园的官宦人家的大屋。洪氏家族是钱塘望族，宋、明、清三代世居西溪五常，五常乡因洪家历代出过五个尚书而得名。

明代的洪钟，是成化十一年（1475年）进士，做过刑部尚书，加封太子太保，是明成化、弘治、正德、嘉靖年间的四朝重臣，晚年退隐回西溪，建了洪钟别业。他回到西溪后，组织乡民们端午赛龙舟，是深潭口龙舟赛的世祖。

洪钟的孙子洪楩，是明代有名的藏书家，他在祖父“两峰书院”的基础上，在杭州城南的清平巷建了“清平山堂”。明代的杭州是全国四大书籍刻印和交流中心之一，当时有书坊二十多家，清平山堂是其中最著名的。清平山堂校刊了大量的宋元古籍、宋元话本、明嘉靖前的话本。宋元话本是一种新兴的文学体裁，就是现在的白话小说，在中国小说史上占有非常重要的地位。清平山堂对明清小说的繁荣发展功不可没。

到了清代，洪家出了个戏曲家洪升。洪升写的《长生殿》，和孔尚任的《桃花扇》轰动京城，有“南洪北孔”之说，但后来因犯“演《长生殿》之祸”而被革除国子监学籍，回到了老家西溪。洪升小时候享尽荣华富贵，但不幸家里连遭三次灾难，父亲又被卷入科场弊案而流放，从此，家道败落。洪家在西溪的祖业大多卖给了当时康熙的权臣高士奇。高士奇也是西溪人，与洪家是邻居。洪升回到家乡后，整日放浪于山水，1704年，因喝醉酒落水而死。

现在的洪钟别业是新造的，里面空空如也。关于洪家的别业，有在河渚东和河渚西之争，我以为，不管是在东还是西，没有必要争个水落石出，它们都在西溪这片土地上。在这片土地上，曾经还有过湛上草堂、西溪草堂、宜园、白凤书房等，都是明清时的一些文人高士隐居在此建的。现在，西溪湿地里辟了一个创意产业园，画家潘公凯、吴山明，作家余华、麦家，导演冯小刚、赖声川等都在里面有自己的工作室。暂时离开滚滚红尘，到如此幽静的桃花源里来搞创作，必定大有收获。

西溪国家湿地公园就在杭州城西边上，是我国唯一的集城市、乡村、文化于一体的湿地公园，它保持着田园水乡的野性，又不失国家公园的大气布局，更保留挖掘了西溪原有的文化内容。没有一个城市的居民如此幸运了，坐几站公交车就能到一个充满诗情画意的桃花源里泛舟、踏青、观芦、赏梅，放松心情。

清清静静的洪钟别业

往事

杭州美，每一处风景都藏着一个故事。

从跨湖桥到良渚文化

跨湖桥在杭州萧山，良渚在杭州余杭，为什么会将这两个地方联系在一起呢？它们有什么共同之处或渊源而纠结在了一起？这得从几千年前说起。

钱塘江南岸的萧山有个湖，叫湘湖，在萧山城厢镇西南约4公里处。湘湖本来是浦阳江的潟湖，又用于钱江海潮侵袭时防涝，但随着江堤的逐年修建，此湖失去了它的水源，变成了一块淤泥很厚的低洼地。20世纪70年代初，政府在这里建了一座砖瓦厂。我在农村插队时邻居的大儿子就被招到这厂里当工人，在当时，这是一份让人羡慕的工作，因为每个月可以拿到30多元钱工资。砖瓦厂的工人每天挖泥不止，烧制出大批的砖头瓦片去造房子，一块平地渐渐又挖出了湖的形状。

本来，这地方也就这么平静地承受着沧海桑田。突然，有一天，砖瓦厂的一位厂医名陈中缄，在夕阳的余晖中，看见工人们挖泥的土坑里有一片锃亮的黑陶，还有一件完整的石器。他兴奋地感觉到自己发现了原始社会的东西。从此，他每天都要去工地转转，每次都有收获。他捡到了数十件石器和骨器，其中有件刻有双鸟图纹的骨器。他向有关部门反映了自己的发现，但那时抓革命促生产还来不及，哪有谁会来管这些破石烂骨的？又过了十年，有一个小学生对这些东西有了兴趣，他从小学到中学再到大学，始终关注着这个谜，他还发现了一只小船。他叫郑苗。有一天，郑苗忍不住将此事告诉了老师，老师觉得这发现很重大，立即上报。1990年6月，有关部门正式开始了对这一地方的挖掘，此地名为跨湖桥。

跨湖桥陶罐

良渚玉琮

跨湖桥进行过两次挖掘，出土了大量的陶、石、骨、木器。陶器以釜、甑等炊具为多，有彩绘、镂孔、戳印、拍印等，漆黑光亮，做工精致。骨器有耜、镖、哨、针等，端部有圆形插孔可装柄。而骨针更加精美，有一枚骨针长9厘米，直径却只有2毫米。还有稻谷一起出土，说明农耕社会已经诞生。据专家鉴定，跨湖桥遗址是距今7000~8000年的人类新石器时代的遗址，它比良渚文化早

跨湖桥遗址

跨湖桥独木舟

了3000多年。这一发现，把浙江文明史提前到了8000年前的新石器时代早期，印证了浙江悠久的历史和深厚的文化积淀。

从杭州老和山向西北，经古荡、勾庄，到余杭良渚，苕溪自西向东流经这块沃土，原野上，湖沼密布，小土墩连绵。这些不起眼的小土墩下，却埋藏着几千年的秘密。1936年，一个才24岁的年轻人揭开了良渚的秘密。他叫施昕更，良渚人，在西湖博物馆工作。他从良渚发现的黑陶片入手，多次到良渚进行发掘考察，并得出结论：这是一个原始人类生活的遗址。

考古学家们经过多年的挖掘研究，初步查清了遗址分布在余杭的良渚、安溪、瓶窑地域内。1959年，“良渚文化”正式命名。良渚文化遗址有130多处，有村落、墓地、祭坛等，良渚文化是我国长江下游太湖流域一支重要的古文明，这一古文明距今有4150~5250年。

20世纪七八十年代，考古工作者对良渚的反山、瑶山、汇观山等周围的土墩进行了挖掘，发现了大量的精美玉器：玉琮、玉璧、玉璜、玉璋、玉镯、玉带等等。仅反山出土的玉器就有3000多件，这些玉器90%是随葬品。

在发掘的过程中，考古学家们发现，一般大墓都在土墩的高台上，而中小墓都在平地上，随葬的物品也有明显的差异。从而推断，良渚文化时期已经有了早期国家的雏形，即中国奴隶制社会的开始。2006年6月始，经过18个月的艰苦挖掘，考古学家们在瓶窑莫角山附近发现了一堵完整的5000年前的古城墙基址。古城墙东西长1500~1700米，南北长1800~1900米，总面积290多万平方米。根据城墙外侧叠压的堆积中出土的陶片判断，良渚古城不晚于良渚文化晚期。这可称是“中华第一城”，是我们中华文明已经有5000年历史的强有力的实证。

良渚文化出土的还有大量黑陶、丝麻织物、竹器等，这说明从那时候开始，我们的先民们已经养蚕缫丝织绸，种植水稻，完全是一个“鱼米之乡”、“丝绸之府”的杭嘉湖平原的雏形。作家王蒙说：“我有时候见到史前文化非常感动，像良渚文化遗址。我看过河姆渡遗址，看过陕西半坡村遗址，看过北京周口店猿人的遗址，这些遗址使我们想到，我们的祖先在这块土地曾经生活过、奋斗过，这让人非常感动、感慨，因为所有的人都生活在他自己的这一段时期，有一种承前启后的感觉。”

葛岭山上红梅阁

葛岭东接宝石山，西连紫云洞，北倚黄龙洞，有好几条山路可上，可从黄龙洞上山，可从保俶路上，也可从北山街上，还可翻栖霞岭过金鼓洞上，真是条条山路通葛岭。

这葛岭是因东晋著名炼丹术士葛洪而命名。葛洪（284~364年），字稚川，道号抱朴子，江苏人，著有《抱朴子》。他曾于326~334年在这山上修道炼丹，他常为当地的百姓采药治病，开山筑路。人们为感谢他，称此山为“葛岭”，并建“葛仙祠”纪念他。

葛岭山腰，绿树环抱中有一道黄色的游龙似的围墙，里面就是抱朴道院。抱朴道院建于晋，原名抱朴庐。道院经历了许多朝代，到南宋时为皇家所有。

从北山街拾级而上，经过玛瑙寺，半山腰有一个亭子，名为“半闲亭”。坐在半闲亭休息，可一览西湖风光。亭柱上有几副对联很有意思，其中有一副：“孤隐对邀林处士，半闲坐论宋平章。”这宋平章就是贾似道。贾似道原来只不过是一个仓库保管员，因他姐姐是宋理宗的宠妃而步步高升。1267年，宋度宗拜贾似道为太师，平章军

红梅阁

国重事，并赐予葛岭集芳御园。《古杭杂记》中记载了贾似道大兴土木的事，他建了半闲堂、红梅阁，还建了养乐堂。

贾似道生活荒淫无耻，好色好游，最爱斗蟋蟀，曾著有《蟋蟀经》一部。他品行恶劣，在朝廷排挤文天祥等忠臣，使得半壁江山陷入泥潭。他恶毒残忍，杀害无辜女子，制造了千古奇冤。

贾似道有许多姬妾，都是从民间抢来的美女。有一天，他与姬妾们坐在红梅阁上凭栏远眺湖光山色，看见有两个翩翩少年弃船上岸，其中有一姬妾情不自禁赞美了一声，贾似道听到后，奸笑说："我可以让他们来娶你！"命人将女子拉进内屋。不一会，又令人取出一个匣子给众姬妾看，里面竟是那女子的头颅，吓得众人魂飞魄散。

后来，戏曲家将此悲剧写成了《红梅阁》，女主角名李慧娘，男主人公名裴舜卿。20世纪60年代，戏剧家孟超将其改编为京剧《李慧娘》。这是一个复仇的故事：李慧娘被杀后，死不瞑目，决心报仇雪恨。她的幽灵经常在红梅阁里闹，吓得贾似道不敢再登楼。贾似道杀了李慧娘后仍不解恨，又将美少年裴舜卿囚进红梅阁，准备将其杀害。李慧娘的鬼魂来到红梅阁，欲将裴救出，两人产生了爱情。但人鬼相隔，裴知道慧娘是鬼，因被她的善良正直感动，决定撞死在红梅阁与慧娘结为夫妻。最后，李慧娘救出裴舜卿，烧毁了半闲堂。这虽然只是一出戏，但多少悲欢离合都是来自于人间啊！

贾似道的结局跟所有的奸臣一个下场，最后以误国罪罢了相，没收所有财产，押往福建漳州。在押送途中，被押解人郑虎臣大锤击死。

红梅阁就在抱朴道院内，现在是道姑们住的地方，20世纪60年代，这里曾拍摄过《桃花扇》，也是一个人间悲剧。

老龙井往事

雪白的野樱桃花开了，过不了两个月，就会结满红红的小果子。到那时候，白头翁、斑鸠、小竹叶青鸟，就会飞来拣最红最熟的果子吃。老龙井王师傅家对面山坡上的那棵樱桃树，年年结很多果子，年年都被鸟偷吃去最好的，只留下一些破损的青涩的给人吃。听王师傅说这些鸟如何聪明如何狡猾，你会觉得是在听一个美丽的童话。

龙井路自行车赛

西湖茶地

老龙井

老龙井

爬十里琅珰山，我们最喜欢去的地方是老龙井。老龙井村在狮峰山下，这里是正宗西湖龙井茶的产地。当年乾隆皇帝下江南时，曾到这里亲手采摘过茶叶，他采摘过的18棵茶树被封为“御茶”。一个皇帝能到这样的山坞里看茶采茶，可见龙井村的茶叶在当时就极负盛名。

记得第一次在18棵御茶后的小屋旁找到有苏东坡题字的老龙井，是村子里一位80多岁的老太太带的路。豁了牙口和满脸折皱的她告诉我们，老龙井的往事都是真的，它从来没有被时间割断过。老太太带我们穿过断垣残壁的广福院，指着后院的一棵老腊梅说：“它有800岁了。”一棵腊梅的年龄有老太太年龄的10倍。人有时为了自己的目的，想把历史掩盖起来或者抹杀掉，让历史变得虚幻，而当时间也推波助澜的时候，往往会有某人亲手种的树出来证明。当我们在一座深山里、一座城池边、一片杂树丛中发现有栽种得很有布局很有年头的粗大的老树时，也一定能发现历史的蛛丝马迹，这里或许有过香火鼎盛的寺庙，或许有一个昔日贵胄的官邸，或许还有一座很大的哪朝哪代没有被人偷盗过的皇陵。

八百年腊梅

胡公庙

广福院的后院是一片废墟，荒草遮盖了昔日的繁荣。但在青石板的地面上，还能清晰地看到雕刻精细的“二龙戏珠”。据王师傅说，这是北宋年间的东西。这正合了史书上的记载。这广福院的前身就是龙井寺，而龙井寺的前身叫“显应庙”，俗称“胡公庙”，是北宋时建的。这胡公何许人也？即是毛泽东主席曾经提及的“为官一方，造福于民”的大名鼎鼎的清官胡则。他曾两度出任杭州知府，官至兵部侍郎。在杭州任职期间，免租减税，为百姓办了许多好事。死后，就葬在龙井山中，范仲淹还为他写了墓志铭。关于胡则的传说很多，有的说他娶过14个老婆，在仙居皤滩古镇的蟠龙街上，就有他第十四个老婆娘家的屋子。一个清官怎么能养活14个老婆，并过着锦衣玉食的生活呢？也许这些传说都是当时反对胡则的贪官污吏们对他的诬陷。当然，传说最多的是关于他死后如何显灵的故事，最著名的就是他在地下显灵协助朝廷镇压方腊起义军。朝廷因而封他为“显应侯”，建

十八棵御茶

宋广福院遗址

老龙井御茶园里的胡公亭

二老亭

了这座胡公庙。在胡则家乡永康方岩，他竟被称为“胡公大帝”。胡则死于1039年，显应寺是他死后朝廷给建的。到1078年，短短的30来年，庙宇颓败，并早已改为“龙井寺”。

二老亭

1078年，高僧辨才因嫌天竺寺热闹，告老退居到幽寂的龙井寺。辨才原是天竺寺住持，他学问渊博，精通佛法，道行精严，并擅长医术。真是“酒香不怕巷子深”，自从辨才到龙井寺后，求医拜佛的、论经讲道的人络绎不绝，这期间也引出了他和苏东坡交往的一段佳话。那时候，到龙井寺去一趟不容易，山路崎岖，榛荆丛生。而辨才已75岁，没有精力一一接待慕名前去的人，但又不能不接待，因此立下一条清规：殿上闲谈，最久不过三炷香；山门送客，最远不过虎溪。

此时，苏东坡正任杭州太守，听说辨才之名，就前往龙井寺拜访。清代出版的《西湖佳话》中的《虎溪笑迹》篇讲的就是这次相识。故事中有一段苏东坡和辨才关于“心与戒律”的对话非常有意思——

才坐下，东坡便问道：“闻知和尚戒律精严，不知戒的是些什么？律文是哪几条？”辨才应声答道：“戒只是戒心之一件，律只是律心一条，哪里更有几件几条？”东坡道：“活泼泼一个心，受此戒律，不几死乎？”辨才道：“死而后活，才超凡入圣。”东坡听了，不禁点头赞羡。

两人促膝谈心，甚是投机，真是相见恨晚。苏东坡当日就留宿在寺院里，第二天下午才离寺。辨才一路相送，两人相搀着说话，不知不觉已过了虎溪。左右侍者叫道：“远公，远公，送客已过虎溪矣！”辨才听见，忙举头一看，身子已在风篁岭下，忍不住大笑道：“学士识我，学士识我！”东坡见了，也忍不住大笑道：“我误远公，不过是戒律，远公今日死心活了，超凡入圣，却又是谁之功？”两人相顾，又笑个不停。

900多年前，两位智者关于“心与戒律”的对话，道出了人性的最根本，至今读来仍是那么鲜活新颖。我们没有亲耳听到，也许会怀疑它的真实性。但是，有过溪桥上的二老亭作证，更有苏东坡记录这次他和辨才相识的诗为证：

此生暂寄寓，常恐名实浮。
我比陶令愧，师为远公优。
送我过虎溪，溪水当逆流。
聊使此山人，永记二老游。

“二老亭”三字是苏东坡的手迹，二老亭就在风篁岭山脚，是龙井寺的第一道山门。

飞来峰下三生石

灵隐的飞来峰，又名灵鹫峰，据说是从印度天竺飞来，印度和尚慧理就在这里建了灵隐寺和天竺寺。还有另一个传说：有一天，济公和尚知道有一座山峰要飞来，眼看村民们会被压在山下，就劝大家离开，但谁也不相信。济公只得背起当时正在举行婚礼的新娘跑出村外，村民们见一个疯和尚抢新娘，都追出去要抢回新娘。正当全村人跑出村子外，一座山峰从天而降，压没了村子。此山即飞来峰。

飞来峰高168米，山中洞窟无数，山坡上遍布五代以来的石佛造像，有340多座。最引人注目的是一尊弥勒造像，是宋代石刻艺术的代表作。造像慈眉善目、袒胸露乳，游人都喜欢在他身前照相，沾点喜气。我走过全国许多寺院，看见过许多弥勒像，飞来峰这一尊是最美的。

飞来峰东南正对灵隐寺，游客们到西湖大多必到灵隐，但很少有人知道，在山的那面，有一块旷世奇石——三生石。以“三生石”命名的石头，全世界只有这一块，它曾在《红楼梦》和《牡丹亭》中出现过。后来，小说家宗璞写了中篇小说《三生石》，据说是她见过杭州的这块石头后触发了灵感。

关于三生石，有一个很美的是友谊也是轮回的传说。这传说最早见于唐代的《太平广记》，后来，苏东坡将这传说改成《圆泽传》。

唐安禄山之乱，光禄大夫李恺以死相拼。他的儿子李源本来是个声色犬马的纨绔子弟，自从父亲死后，突然悟到人生的飘忽无定，从此就在洛阳惠林寺住下。寺里有一僧人圆泽，与李源志趣相投，两人成了好友。一天，他们相约去四川峨眉山，在讨论走哪条道的问题上，两人意见相左：圆泽要走长安道，李源因与世隔绝了近50年，不愿走热闹的长安道，要往荆州走。圆泽面有难色，但还是跟着李源往荆州去。船到南浦，见一妇人正在江中汲水，圆泽终于忍不住叹了口气道：“天命不可逃也！她怀孕三年，就等我投胎，我想躲也躲不过她。三天后，你来看那婴儿，会对你笑，那就是我。十三年后的中秋夜，我将和你在杭州天竺寺外重逢。”当夜，圆泽即死。

三天后，李源去看那妇人生的孩子，果然见他朝自己一笑。这是圆泽无疑。

十三年后，李源从洛阳赶到杭州天竺寺。中秋那夜，月朗风清，在天竺寺旁的葛洪川边，有一骑牛的牧童向他走来。那牧童一边叩牛角一边唱：“三生石上旧精魂/赏月临风不要论/惭愧情人远相访/此身虽异性长存。”李源欣喜若狂，知道是圆泽来赴约了，快步近前要握手。那牧童说：“李相公真是个守信用之人，但你尘缘未了，等修成正果再相见吧！”然后边唱边骑着牛，消失在月色中。

十多年前，我和浙成偶然在下天竺寺旁发现了三生石，石上刻着这个故事。那时，这里荒草萋萋，少有游人。这是一块毫不起眼的有孔的石头，因为有了这个传说而似乎有了生命和内涵，也增添了神秘感。

三生石

飞来峰元代造像

三生石故事

青山有幸埋忠骨

西湖山水美，引来了众多的游客，也引来了众多的英灵。栖霞岭下，是岳飞的庙堂；南屏山脚有章太炎、张苍水的墓道；西泠桥畔孤山下是秋瑾烈士的墓；三台山下葬着明代民族英雄于谦。牛皋、徐锡麟、武松……数不清的英灵都在西湖边安息。柔美的西湖抚慰着英雄们伤痕累累的灵魂，英雄的灵魂为西湖增添了阳刚之美，使轻柔的西湖有了分量。清代袁枚曾写诗赞颂："赖有岳于双少保，人间始觉重西湖。"

1964年，西湖边搞了次"大扫除"，将秋瑾、徐锡麟、武松、苏小小的墓都挖掉。那一年我在读中学，至今仍能清晰地记得挖掘的情景，连湖滨的国民革命军八十八师抗日纪念像都砸掉了。

"十年浩劫"以后，能存的幸存下来了，该建的也陆续建了起来。

岳坟

1142年1月27日，岳飞以"莫须有"的罪名被秦桧等奸臣杀害于大理寺狱中，即现在的六公园旁的小车桥。

岳飞被害后，有个善良的狱卒，名隗顺，将遗体背到钱塘门外的九曲丛祠旁（现少年宫附近）葬下。他怕日后找不到，就在上面种了两棵橘树，为遮人耳目，又立了"贾宜人墓"碑。隗顺后来得病而死，临死前，他对儿子说："岳元帅精忠报国，你要牢牢记住。岳元帅的身上佩有玉环，还有枷锁上揭下来的封皮，可以为证。"

21年以后，宋孝宗下旨为岳飞昭雪平反，用隆重的仪式将他的遗体迁葬于栖霞岭下。南宋嘉泰四年

岳庙大殿

（1204年），岳飞被追封为鄂王。南宋嘉定十四年（1221年），建岳王庙。

岳王庙迭经历代兴废，现存格局是清代重建后形成的，分墓园、忠烈祠、启忠祠三部分。

“文革”中，岳王庙也不能幸免，说是愚忠的代表，塑像被砸。1978年后，重修岳庙，现为全国重点文物保护单位。

据说那长跪在岳飞墓前的四尊奸臣（秦桧、王氏、万俟卨、张俊）铁像，在“文革”中被红卫兵扔到了西湖里，从此，西湖的水发臭。重修岳王庙时，将四个铁像打捞上来，仍然让他们长跪在岳飞墓前，任游人吐唾沫。

杭州有一种小吃，叫葱包烩儿。据说，南宋时百姓因痛恨陷害民族英雄岳飞的秦桧，敢怒不敢言，就用面粉做成秦桧小人状，丢入油锅煎炸，以泄心头之恨，当时叫“油炸桧”。为了避免秦桧起疑，便把木字旁的“桧”改成火字旁的“烩”。制法：春卷皮卷一棵香葱、一根油条，再入油煎香。搭配甜面酱，口感咸鲜葱香。

于谦墓

于谦（1398~1457年），字廷益，号节庵，钱塘（杭州）人。小时在庆春门附近的私塾读书，就有“神童”之称。15岁中秀才，23岁中举人，24岁进京会考得第一，真正一个江南才子。

而这个江南才子却一身正气，铮铮铁骨，为官“两袖清风”，从政临危不乱。

1449年，“土木堡之变”，明英宗被瓦剌兵俘虏。因国不能一日无君，于谦支持明英宗的弟弟做了皇帝，即明代宗。于谦升任兵部尚书。为了保卫京城，51岁的他披甲持剑，登上德胜门指挥作战。当时瓦剌军队以英宗作人质，要攻进城来。于谦向来使宣告：“社稷为重君为轻，我们已经另立国君！”五天五夜的激战保住了北京，但因此也种下了杀身的祸根。

于谦墓

8年后（1457年），明英宗复辟，以“谋逆罪”将于谦杀害。于谦当了30年京官，抄家时，除了一些书以外，没有任何值钱的东西，真正是“两袖清风朝天去”。

于谦死后，他的老部下冒死收尸。1458年，于谦的灵柩由家人从北京运回到杭州三台山下安葬。9年后得以平反。

1489年，明孝宗为表彰他为国效忠，在墓旁建旌功祠，设春秋二祭。

1966年，于谦墓被毁坏。

1978年，我去三台山寻找于谦墓，见破败的墓地荒草萋萋，旌功祠成为废品收购站。而这时，湖对岸的岳庙已焕然一新，岳飞塑像身着簇新的紫色长袍，任游人顶礼膜拜。我的心中为于谦愤愤不平，同样是英雄，为何有如此不同的境遇？是否因为岳飞有那四个奸臣的反衬，人们因憎恨奸臣而更加尊敬英雄？但我们怎么都没有去憎恨那两个昏庸残忍的皇帝？

1982年，于谦墓和祠终于被修复和翻造，墓碑上由书法家沙孟海先生手书“大明少保兼兵部尚书赠太傅谥忠肃于公墓”。现也为全国重点文物保护单位。

张苍水墓

张苍水墓，在西湖南屏山荔枝峰下，与岳飞墓、于谦墓并称“西湖三雄”。

张苍水（1620~1664年），名煌言，浙东鄞县人，明末抗清英雄。他变卖家产，组织义军，在东南沿海和长江下游英勇抗击清兵整整20年。1664年，他被叛徒出卖，押往杭州。面对高官厚禄的利诱，他宁肯死，不肯降。

九月初七，张苍水在官巷口慷慨就义。当时，他喝了诀别酒，面对北方，大声说道：“好山色！”来送行的百姓白帽素缟，悲伤欲绝。

在他死的前三天，他的夫人和儿子都已被清廷杀害。有一称为“石和尚”的僧人，是张苍水的同乡，他钦佩张的气节，冒着杀身之险收了遗骨，暂放于宝石山僧舍。同乡纪五昌、万斯大，杭州人张仲嘉等人出资，在南屏山下为英雄购得墓地安葬。他们又请大学者黄宗羲撰写墓志铭，黄宗羲曾和张苍水一起在浙东抗清，是一个战壕里的战友。

为了避人耳目，墓碑上题“王先生墓”，清康熙、雍正两朝都没改墓名。许多年

张苍水祠

后，黄宗羲来凭吊，在南屏山下找了很久，才找到荒草中的“王先生墓”，不禁潸然泪下，写下《寻张司马》诗：“夜台不敢留真姓，萍梗还来酹晚鸦。”

直到清乾隆八年（1743年），杭州道士吴乾职筹资重建张苍水墓，“王先生墓”的真相才大白于天下。乾隆四十一年（1776年），清政权已稳，褒谥张苍水为“忠烈”。为一个反自己王朝的人谥“忠烈”，也是要气度的。

秋瑾像

秋瑾墓

秋瑾的墓就在孤山脚下西泠桥边，汉白玉的全身塑像英姿飒爽。底座上有孙中山先生题的“巾帼英雄”四个金字。

1907年7月15日，秋瑾在绍兴轩亭口就义。她曾和好友徐自华到过西湖边的岳坟，说自己死了也要葬在西湖边。但她的灵魂一直不得安宁，她的墓经历了十次搬迁：

始葬——1907年7月15日，葬于绍兴卧龙山。

一迁——1907年10月，迁往绍兴严家潭。

二迁——1908年2月，好友徐自华遵照秋瑾的遗愿，将她迁葬于杭州西泠桥西侧。

三迁——1908年12月1日，因御史常徽“告发”，被迫迁葬回绍兴严家潭。

四迁——1909年秋，由秋瑾夫家远迁湖南湘潭昭山，与王子芳（秋瑾丈夫）合葬。

五迁——1912年夏，迁葬湖南长沙岳麓山。

六迁——1913年秋，辛亥革命已胜利，隆重迁还杭州西湖西泠桥西侧原葬处。

七迁——1964年，迁葬杭州西湖鸡笼山。

八迁——1965年初，由杭州鸡笼山迁回西泠桥原葬处，改为圆丘墓，墓表石刻冯玉祥题联：“丹心已结平权果，碧血常开革命花”。

九迁——1966年“文革”，墓被拆除，遗骸再葬于杭州鸡笼山。

十迁——1981年10月，回葬于西湖孤山西泠桥南。

从1907年到1981年，整整74年，侠女的灵魂一直不能安放，这回，总算可以真正“入土为安”了。

我曾听说秋瑾的骨殖在“文革”期间被园林工人偷偷藏了起来，现在埋在墓里，就问纪念室的一位工作人员，但他不知道有此事，也不知道墓里是否有骨殖。秋瑾墓里没有她的遗骨，我为什么要失望呢？难道岳飞、于谦、张苍水的墓里都有他们的遗骨吗？不，早已没有了，即使原先有的，在一次次的政治灾难和自然灾害中，也被毁了。但是，人们并不会因为坟墓里没有了他们的遗骨而不去瞻仰，一代一代，人们永远会纪念他们，因为英雄们的灵魂埋葬在这里。

印学博物馆

西泠印社

西泠印话

中国篆刻，是国粹中的国粹，被列入《世界非物质文化遗产名录》，得到了世界的重视和保护，这与孤山西泠印社的存在分不开。

西泠印社在白堤尽头的孤山上。这孤山是西湖湖中唯一的一座山，海拔只有38米的小山，却是一座藏龙卧虎的山，山上山下遍布名胜古迹：北宋诗人林和靖曾在山下以梅妻鹤子隐逸，现有他的墓和为纪念他建的“放鹤亭”；清康熙、乾隆下江南时，曾在山上建过行宫；山下有乾隆时建的藏《四库全书》的文澜阁；有纪念欧阳修的“六一泉”；有清代大学者俞樾的故居；南麓西泠桥下埋葬着秋瑾；还有百年老饭店“楼外楼”，周恩来总理陪外宾到杭州来，多次在这饭店里请他们品尝杭州的特色菜。许多许多，数不胜数。孤山被西湖的碧波环绕，山中花木葱郁，亭台楼阁，小径通幽，登上山可一览西湖的四时风光。西泠印社就设在如此美丽的山上。

印学，是中国独有的一门集文化和艺术于一体的学问。早在战国时就有了印章，以后，从皇帝、将军、七品芝麻官到平民百姓，都有自己的印章。到我们这个年代，单位也有了章，这一个章盖下去，有时可以决定一个人一辈子的命运。从宋代大书法家米芾自刻第一枚印章开始，到元代大书法家赵孟頫独创篆字“圆朱文”入印，文人治印之风大盛，从而形成了一门单独的学问——印学。到明清时，印学达到高峰，当时有吴门派、皖派和浙派之分。

西泠印社成立于1913年，首任社长吴昌硕，是著名的金石书画家，浙派代表人物。

吴昌硕（1844~1927年），别号缶庐，浙江安吉人。他年轻时中过秀才，但喜欢刻印，曾肩挑行李浪迹他乡探求刻印艺术。中年时做过知县，只做了50天官就辞官而去，以卖画刻字为生。他的篆刻古朴苍劲雄浑，继承了浙派创始人丁敬的风格，并将此风格发扬光大。

丁敬（1695~1765年），杭州人，号龙泓山人，是浙派的代表人物。他一生布衣，爱读书，喜篆刻，好钻研，逐渐形成了自己苍劲古朴的风格。后来的黄易、蒋仁、奚冈、陈鸿寿、赵之琛等人紧跟其后，形成了风格独特的浙派印学，称雄中国印坛100多年。

西泠印社在孤山上有很大一片园林。从南麓的“西泠印社”石牌坊拾级而上，进月洞门便是柏堂，是印社的纪念室。再往上走是仰贤亭。1905年建，里面有丁敬的石刻像和27位印人的画像，丁敬的像由“扬州八怪”之一的罗聘画。旁边有印泉，李叔同出家时将他所有的印章都埋藏在这里。最上

华严经塔

吴昌硕像

放鹤亭

面是一片平地，有小桥楼阁石塔，最有价值的是汉三老石室，里面珍藏着1900多年前的石碑，上刻217字，篆隶书之间，记载了汉代一个小文官去世的事。1921年，此碑从余姚卖到上海，落入日本人手。吴昌硕和印社的同仁们知道后，立即义卖字画，将此碑赎回，藏于石室。山上还有小龙泓洞，为纪念丁敬而凿；洞旁的石壁上凿一石龛，有吴昌硕的坐像。这坐像细看头与身子颜色不一样，头是后来接上去的。“文化大革命”中，吴昌硕坐像的头被砸掉了。

站在山顶，西湖尽收眼前。回望历史，100多年前，杭州立志于“保存金石研究印学”的一大批印人们在孤山成立的西泠印社，如今已经走向世界，这不能不说是我们杭州人的骄傲。

西溪与《红楼梦》

西溪与《红楼梦》，可说是南辕北辙的两码事，但因为洪升和土默热而将它们连了起来。洪升是明末清初的人，土默热是当今研究明清史的教授，又是两个毫不搭界的人，怎么也连在了一起？因为，土默热经过20多年的研究，得出了惊世骇俗的结论：

我国古代最伟大的小说《红楼梦》是洪升创作的。这真像一颗原子弹，在红学界引起了大爆炸。证明《红楼梦》是洪升写的，土默热有许多条理由。当然，反驳他的，也有许多条理由。

洪升（1645~1704年），杭州西溪人，写过著名的传奇剧《长生殿》。父辈为钱塘望族，西溪湿地的五常乡就是因洪升的祖上出过五个尚书而得名，在西溪蒋村深潭口附近的“洪园”，即洪钟别业，就是他们的祖传别业。清康熙二十七年（1688年），洪升的《长生殿》脱稿，在北京盛演。当时，写《长生殿》的洪升和写《桃花扇》的孔尚任有“南洪北孔”之誉。第二年，内聚班班主特演专场感谢洪升，洪升邀请了一些亲朋好友前去观看。谁知，正是佟皇后发丧期，那时候又没电视广播，但却有告发的人。皇后死了你们还在娱乐，当然得查办。去看戏的官员和诸生被革职与除名的有50多人，洪升被革除国子监学籍。这就是戏曲史上有名的“演《长生殿》之祸”。至此，洪升回到了家乡西溪，整日放浪于山水诗酒。1704年，他在吴兴喝醉了酒，上船时落水而死。

洪家是百年望族，“宋代父子公侯三宰相，明季祖孙太保五尚书”，洪升少时享尽荣华富贵。后来洪家遭遇了三次家难，父亲又被诬参与科场作弊案而遭遣戍，家道从此败落，一片白茫茫大地真干净。他才华横溢，但仕途不顺，到老时更是生活贫困，有他自己的诗为证：“八口总为衣食累，半生空涸名利场。”有如此遭遇、才情、心情的人，是可以写得出《红楼梦》的。

土默热找出了最主要的10条理由来证明《红楼梦》是洪升写的，其中如十二金钗是以西溪“蕉园诗社”十二个成员为原型，这些女子是当时杭州洪、黄、钱、顾“四大家族”的女儿，是洪升的表姐妹，从小一起长大；大观园是洪升家在西溪的故园，书中的许多地名在西溪都能找得到；“西方灵河岸上三生石畔”，这三生石就在杭州灵隐；《红楼梦》中的“元妃省亲”，是隐写康熙南巡。真实的接驾不在南京曹府，而在西溪的“西溪山庄”，与洪府相邻。山庄主为康熙的权臣高士奇。高与洪升是同乡又是

绕了爬山虎的窗格

好友。康熙三十八年（1699年），康熙第三次南巡，高士奇接驾，洪升亲见；“大观楼”匾额就在杭州吴山上的城隍庙……土默热找到的许多理由都是与杭州西溪有关，康熙四十三年（1704年），洪升应曹雪芹的祖父曹寅之邀去南京江宁织造府演《长生殿》，洪升当时带着《洪上舍传奇》手稿去南京。就在这一次出行，洪升落水而死。此手稿是否即《红楼梦》，土默热没有充分的证据，还得有待红学家们的考证。

土默热的“红学”似乎颠覆了以往的一切红学观点，公说公有理，婆说婆有理，但他有一个观点我非常赞同：《红楼梦》写的是末世心态。明末清初改朝换代，一个动乱的颠覆的时代，必然让世人产生一切皆空的想法，有《好了歌》为证。

民间

品品龙井茶，穿穿丝绸衫，听听“细十番”，做个杭州人，日子不要太惬意了！

龙井茶香

杭州的茶馆，从小巷到西湖边，可说是星罗棋布，从南宋到如今，经久不衰。究其原因，无外有二：一，此地富裕有闲，杭州人会享受生活；二，因为西湖盛产龙井茶。

西湖山中“不雨山长涧，无云山自阴”，气候温和，雨量充沛，是龙井茶得天独厚的生长环境。龙井茶在唐代陆羽著的《茶经》里就已提到，以地域分“狮、龙、云、虎”四种。狮即狮峰山一带，这里有乾隆封的18棵御茶；龙，龙井山一带，这里有苏东坡写的“老龙井”大字；云，云栖一带；虎即虎跑一带，虎跑的泉水称“天下第

当街炒龙井茶

三泉”。现在归结为“狮、龙、梅”三个品类，这梅即梅家坞一带。周恩来总理多次陪同外宾到梅家坞参观，他曾赠送给基辛格2斤龙井茶，但被那些美国随从一抢而光，基辛格只得再向周总理讨要。

龙井茶的采摘和炒制很有讲究。从谷雨前就开始采，采一芽一叶，做成旗枪。到清明前后，满山遍野都是采茶女。我在初中时集中劳动，曾到满觉垅去采过茶叶。采茶时节，整个村子弥漫着茶叶的清香，沁人肺腑。从采摘到炒制全是手工，所以，龙井茶的形扁平，大多一旗一枪，非常精致。现在有许多地方的茶叶也做成了龙井茶的形象，但它们只是形似而神不似，那种独特的香味只有西湖边的龙井茶才有。

“无味之味乃至味”，这是龙井茶的特色。它不能牛饮，只能慢慢品呷。静下心来细细品味，你能闻到有一股淡淡的奶香，让你齿颊留香。

杭州丝绸

历来的贵人、有钱人都崇尚丝绸，皇袍、官服、礼服无不用到杭州丝绸，老爷、太太、少爷、小姐，无不身着丝绸衣服，丝绸成了一种身份的象征。但到了杭州人手里，却是下里巴人也能穿的。记得20世纪70年代，杭州夏天流行黑绸长裤，街上的大人们基本每人都穿这种裤子。丝绸比棉布贵好几倍，我们家困难，但母亲还是尽力为几个成年的女儿每人做了一条。丝绸凉爽柔滑透气，能阻隔夏天的炎热。那时候，差不多每个杭州人都有丝绸的衣服、裤子，穿丝绸成了杭州人的生活习惯，这跟杭州的夏天特别炎热有关，但更与杭州盛产丝绸有关。

杭州素有“丝绸之府”的美称，从出土的良渚文化中，我们知道杭州4700年前就有了丝绸。唐代大书法家褚遂良的九世孙褚载在杭州开发了丝绸业，使杭州的丝绸进入规模化的生产。白居易有诗：“丝袖织绫夸柿蒂，青旗沽酒趁梨花。”诗中说的“柿蒂”就是当时很有名的柿蒂绫。到了吴越钱王时期，钱王一心一意要富民强国，就公示全民：“世方喋血以事干戈，我且闭关而修蚕织。”杭嘉湖的丝绸一跃而成中国之冠。从南宋到明清，杭州的丝绸业蓬勃发展，当时杭州有专门的织造府为宫廷织绸，也通过“丝绸之路”远销海外。

丝绸围巾

杭州丝绸有绸、缎、绫、罗、锦、绉、纺、绢等14大类200多个品种，质地柔软，色彩斑斓，雍容华贵。从实用的衣衫到观赏的艺术品，应有尽有。都锦生丝织厂织出的人物画，曾在1926年得过美国费城国际博览会金奖。而很有特色的杭州绸伞就是用丝绸做伞面，轻柔透风，是女人们夏天最好的遮阳伞。

楼塔“细十番”

萧山楼塔镇，是我父亲的故乡。它位于萧山最南面，与诸暨、富阳接壤，是三县（市）交汇处。楼塔是一个依山傍水的千年古镇，在吴越时就建立。我们的先祖楼晋（生于853年）是钱镠王的外甥，但年龄与钱王相仿，楼塔族谱中记载：“钱镠未袭封时，公（楼晋）与为莫逆交。”他跟随钱王征战无数，官至“东越招讨使”，镇海、镇东两军节度使。

20世纪70年代初，我曾回到故乡去插队四年。楼塔是一个很有文化渊源的古镇，每年春节期间的晚上，会有一班会乐器的男人，吹拉弹奏着仙乐一般的乐曲，在小巷里绕行。我那时候不知道这就是“细十番”，它在楼塔已有600多年的历史。

“细十番”源自唐宋曲牌，原是宫廷乐曲。怎么会传到楼塔呢？原来在600多年前，楼塔出了个名医楼英。因他神奇的医术，朱元璋将他召进宫，医好了马皇后的病。朱元璋要留他在宫中，但楼英坚辞，他不愿在宫中与其他的御医勾心斗角。楼英素来喜欢音律，在宫中他接触到了这“细十番”，觉得美妙无比，并过耳不忘。1377年，楼英从京城回到楼塔，他潜心著书立说、为乡亲们治病。他的《医学纲目》比李时珍的医药著述早200多年。空余时，他以琴会友，与朋友们一起研讨“细十番”，终于将这套乐曲留在了楼塔。

“细十番”有三个曲牌：望庄田、一条溪和石畈。乐曲歌颂大禹治水的功绩。演奏乐器有笙、箫、笛、二胡、中胡、碗胡、三弦、月琴、鼓板等二十几种。

十番音乐在江浙闽一带的乡间流传，分“粗十番”与“细十番”。“粗十番”大锣大鼓，多在私人的婚丧红白喜事中出现，而“细十番”高雅清丽。“粗十番”民间有无数，但“细十番”全国仅楼塔一处。2008年，楼塔“细十番”列入《国家级非物质文化遗产名录》。

楼塔洲口桥

细十番乐队

浙西人文地理

ZHEXI RENWEN DILI

临安、富阳、桐庐、建德、淳安，在行政上属杭州管辖，但一直称它们为“浙江西部”。

这五个县（市）在历史上曾经出过两个君王：三吴时的孙权和吴越国的钱镠。孙权是富阳人，他的祖父是种瓜的；钱镠是临安人，他的父亲是个地地道道的农民，他17岁就开始走私贩盐。他们都不是帝王将相之后，却做了一国之君。虽然，三国和五代十国是“乱世出英雄”的时代，但为何偏偏他们能成就一番大业？这与他们个人的杰出能力有关，但与养育他们的这片土地也不无关系。

浙西属丘陵地带，也可说是山区，群山起伏，流水长绕。一股流水从安徽黄山和浙江开化出发，一段一段改着名字，到了建德称“新安江”，到了桐庐为“桐江”，到了富阳叫“富春江”。流啊流，流到萧山闻家堰，与浦阳江汇合，在这里转了个大弯，成了钱塘江，也称“之江”，最后流入东海。从淳安流来的江将四个县（市）串了起来。江的两岸青山如翠，云雾缭绕，仅在桐江两岸，被唐宋大诗人大文豪们描绘过的名声响当当的山就有25座。另一股流水分两条从临安的天目山出发，流经临安、杭州、湖州，一直流进太湖，名为东苕溪、西苕溪。有“华东第一大峡谷”之称的临安浙西大峡谷就是苕溪的源头。大峡谷内奇峰秀瀑、危岩峭石、古木参天、水流清澈。这里还是我国四大名石之一的昌化鸡血石的产地。曾有人总结浙江的特色是“清水绿山、丝府茶乡、书圣佛国、文物之邦”，这“清水绿山”描述浙西是最准确的了。

桐庐市区全景

但是，水是有双重性格的，温柔时，“春来江水绿如蓝”；咆哮时，“滔天浊浪排空来”。在没有建新安江水库以前，这条江经常暴涨暴落，水患连连。1923年的大水，淳安、建德、桐庐、富阳沿江的房屋倒塌了90%，淹死饿死的人不计其数。每年到桃花汛发时期，沿江总有许多村子会被淹没，如20世纪70年代，桐庐分水的南堡大队被水冲走，只剩下一棵苦楝树。而苕溪的水从天目山直冲下来，源流短急，上游河床开阔，到中下游河床突然平坦，流速骤然减慢，容易暴涨暴落。每年的汛期，人畜淹死、卖儿鬻女的一幕幕悲剧常会重演。

话又转回到孙权和钱镠这里，他们一定看见过江的美丽和残忍，也承受过江的粗暴和温柔。这大起大落的江的个性，一定激发了他们敢闯、不怕死的性格；而那永远耸立着的大山，同时也激发了他们倔强、坚韧的气质。

1957年，国家在新安江上游建了新安江水库，从此征服了桀骜不驯的大江，也从此多了一个仙境般的湖泊——千岛湖。唐代时，在东苕溪就修筑了西险大塘。至今，各级政府仍在不断地修筑堤坝、海塘，治理苕溪，确保两岸百姓的安全和利益。前段时间，曾有人质疑“人定胜天”，说人是绝对战胜不了天的，人不应该与天与地斗。我觉得有一定道理，但是，在自然灾害面前，人又必须有“人定胜天”的坚定信念，人与天与地努力和谐，才能将世界创造得越来越美好。

风景

中国文学史上有名的大家都到过浙江西部，何不跟着古人好好游一番？

跟着古人游富春江

黄山水流经千岛湖、新安江，从建德梅城开始就成了富春江，到杭州闻家堰结束，流经富阳、桐庐两个县（市），全长110公里。元代画坛四大家之一的黄公望（1269~1354年），年过五旬后隐居富春江畔，历时三年，81岁时画成《富春山居图》。他以长卷的形式，描绘了富春江两岸初秋的秀丽景色，峰峦叠翠，松石挺秀，云山烟树，沙汀村舍，把浩渺连绵的富春山水表现得淋漓尽致。此画为中国十大传世画之一。自南北朝至清代近1500年间，有1003人吟咏过富春江山水，诗词多达2000余首。谢灵运、沈约、李白、白居易、杜牧、范仲淹、司马光、王安石、苏轼、李清照、陆游、汤显祖、袁枚……许许多多的中国文学史上赫赫有名的大家都到过富春江，并留下了诗文。我突发奇想，何不跟着古人好好游一番富春江？一定会大有所获。

富春江渔人

七里泷

那就跟着最早写富春山水诗的谢灵运出发吧。大约1600年前的一个秋天，谢灵运被贬到永嘉任太守，他从南京出发，至新安江一路泛舟来到富春江，船过七里泷，只听两岸哀禽鸣叫，层林叶落，在落日中显得更加凄清：“石浅水潺湲，日落山照曜。荒林纷沃若，哀禽相叫啸。”谢灵运就是“旧时王谢堂前燕”中谢玄的孙子，名门望族家的子孙，从繁华的京城来到偏僻的温州永嘉，心情抑郁。为了摆脱烦恼，他一路寄情山水。谢灵运写了三首有关富春江的诗——《初往新安至桐庐口》、《富春渚》、《七里濑》，都描绘了富春山水的秀丽，但也自然而然地流露出他心中的寂寞与不悦：“宿心渐申写，万事俱零落。”（《富春渚》）“孤客伤逝湍，徒旅苦奔峭。”（《七里濑》）由心而生，有感而发，谢灵运的山水诗扭转了东晋的玄言诗风，使山水诗成为中国诗歌发展史上的一个流派。

谢灵运写的《七里濑》，即七里泷，也名七里滩，在富春江的上游。七十里群山夹峙，峭壁陡立，江水好似一匹白练，缭绕在层峦叠嶂之间，滩多水险，江流湍急，素有“小三峡”之称。“有风七里，无风七十里”，故名。20世纪80年代初，我曾为了领略七里泷的风光，特意先乘六七个小时的汽车颠簸到建德梅城，然后再坐船，顺水而下。七里泷口已建起了富春江水电站，水流不再湍急，但两岸层层叠叠的山峦像绿色的屏障夹持着一流清水蜿蜒向东。也许那时候我还年轻，还有很多梦想，也许正值春暖花开，我一点都没有谢灵运的落寞和怅然，有的只是被眼前的绿色融化。景因情移，景因心生，该是山水诗的真传。

七里泷绿景

桐君山、大奇山

沿着富春江的两岸有许多山峰：富春山、香炉峰、桐君山、白峰山、尖山、独高峰、清冷山、歌舞岭、望江岭、玉华山、双峰山、九龙山、安乐山、凤凰山、胥岭、大奇山、五聪翠嶂、十八学士峰、天子岗、天井山、千佛岩、太阳山、五云山、新妇山。这些山我只去过桐君山和大奇山。桐君山在桐庐县城，只有60米高，但“桐君之山何许高，山不在高仙则名”（明·邵万《桐君山》句）。据《方舆胜揽》记载，4000多年前，此山上长满了许多的桐树，有一位老翁在此采药、炼丹，并在桐树下盖了一座茅草房。老人常常给山下的老百姓治病，分文不收。有人问他姓名，他只是笑笑，指指后面的大桐树，人们把这位老人称为桐君老人，意指桐树下的君子。桐君，在历史上确有其人，是我国有文字记载的最早的一位对药物学研究卓有成效的医药学者。据梁陶弘景《本草序》，明李时珍《本草纲目》、《中国名人大辞典》等记载：桐君，是黄帝时人，黄帝命巫彭采药求道，止于桐庐县东山（也就是现在的桐君山）桐树下，

大奇山国家森林公园

桐君山塔影

识草木金石性味，定三品药物，著有《桐君采药录》，不愧是我国中医药的鼻祖。历代诗人、画家都曾以桐君为题材吟诗作画，如苏轼、陆游、徐舫都写有《桐君山诗》，在桐君山的摩崖石刻上还留有元己卯（1279年）俞颐轩的五绝一首："潇洒桐庐郡，江山景物妍。问君君不语，指木是何年。"这首石刻，生动地记录了700多年前诗人对于桐君其人的真情实感。

一直以为大奇山是改革开放后开发出来的风景。几年前单位里搞活动，记忆最深的是潺潺的山泉一路奔腾，陪同我们登山。其实古人早就游过，清代桐庐人戴雪舫曾写过《游大奇山》的诗："村南十里大奇山，地僻林深景物间。石壁倚天猿叫绝，风藤挂月鹤飞还。苔封阴磴樵天路，云散阳崖衲闭关。最是晚秋红叶好，一樽可许其开颜。"把大奇山的野趣描绘得淋漓尽致。还有"千仞苍屏倚碧空，东西两岫画图中"的双峰山，"山形如凤势如飞，影落沧江日正迟"的凤凰山，"屹立乾坤不问年，独高高出万重山"的独高峰，江边二十几座山都被古人们登过、描摹过，假如将这二十几座山都开发出来成为旅游景点，那简直就等于打开了阿里巴巴的大门了。

瑶琳仙境，垂云通天

富春有山有水，水中有山，水行山中，山绕水生。富春还有许多溶洞，瑶琳洞现在称"瑶琳仙境"，我也一直以为是20世纪80年代初才发现的，其实宋代就有人进去过，并留下了诗句："仙境尘环咫尺分，壶中别是一乾坤。风雷不识为云雨，星斗何曾见晓昏。仿佛梦疑蓬岛路，分明人在武陵村。桃花洞口门常掩，暴楚强秦任并吞。"作者柯约斋与文天祥是同榜进士，桐庐人。瑶琳仙境我曾去过，是在刚开放不久。那时候全国只有少数几个洞有名，如广东肇庆的七星岩、江苏宜兴的善卷洞、浙江金华的双龙洞，那几个洞我都去过，跟瑶琳仙境真是不能一比，不是一个重量级的。但是，我不喜欢溶洞，尽管五彩灯光把里面的钟乳石投射得如梦如幻，我仍然有一种在地狱的感觉。我曾写过一首诗《溶洞随想》："一吹到你阴森森的风/一闻到你窒息的霉味/一看到你光怪陆离的幻景/我就后悔，我不该来。""我赶忙回转身/沿着一级一级上升的石阶，心也一点一点明朗开阔/在黑暗中生活千年万年/不如在阳光下呼吸瞬间。"这只是表达了当时我进溶洞的个人心理感受，并不影响溶洞本身的神秘和别人对溶洞的喜欢。古人柯约斋把瑶琳洞比作桃花源，而我却有进地狱的感觉，这真是青菜萝卜各有所好。

一次，作协创联部组织我们去桐庐，其间有去垂云通天洞的活动。我因一直不喜欢溶洞，有种心理上的反感，不想去。同行的人说洞里很凉爽，正是盛夏的日子，被其一忽悠，也就去了。垂云通天洞其实是山肚子里的一条河，全长4.5公里。据史料记载，早在三国吴越时就有人进去过，到了唐宋时非常鼎盛。唐贞元年间的桐庐县令刘文会在石壁上题有"垂云古迹"四字。明代诗人杨宏有诗赞曰："夏日炎忘暑，冬游

瑶琳仙境

却似春。源流虽一派，清白只垂云。”进垂云通天洞要坐小船，洞口是一小湖。我们在湖边上船，由一年轻的船娘划船。刚一进洞口，一股清爽的凉风袭来，刚才还在烈日下蔫儿巴儿的人一个个都变得神清气爽。山肚子里终年流水潺潺，水质甘醇，河道曲折，或成潭，或成泊，或成瀑，奇崛无穷。两边和头顶是经过亿万年滴漏的钟乳石，似大鹏展翅，似金猴捞月，似观音送子，孔雀、鲤鱼、荷花、彩云，人世间有的和人世间没有的，都可以随你想象。船行至中途，只听远处有轰隆隆的巨响，似水声，似雷鸣，又似马达，幽幽的灯光下看不清前方。以为是洪水暴发，或是急流险滩，心里忐忑不安。船行至一瀑布前停下，前面已无路可行。看斜坡，约摸有近10米高度，船是无论如何上不去的。这时船娘说话了："请大家坐好，我们要上去了。"只见从高处滑下一金属装置，像筏。船娘将船慢慢划入铁筏，马达声响起，升船设备将人带船由缆绳缓缓牵引至高处，高处仍是河道。新鲜、刺激！洞里一年四季不干涸的水源是从哪里来的呢？原来它的发源地是相邻的天峒山。天峒山有大面积的森林，地表水汇聚在一个形似大漏斗的朝天洞里，沿着高高低低蜿蜒曲折的天然河床直泻而下，形成了洞内巨大的水源，常年不涸。

垂云通天洞前的小湖

富春江边的严子陵钓台

严子陵钓台

到富春江，有一个地方是非去不可的，那就是严子陵钓台。假如说富春江像一条项链，那些洞和山是穿在这条项链上的珍珠，那么严子陵钓台就是一颗无价的夜明珠，是富春江这条项链上熠熠发光的坠子。从南朝到清代，写严子陵钓台的诗词就有85首。中国古往今来钓鱼的人不知有多少，但只有两个人最有名，那就是北方的姜太公和南方的严子陵。对于严子陵，历朝历代的人对他看法各一：范仲淹赞他“先生之风，山高水长”，王世贞说他“桐江钓名”，刘伯温斥他“不是云台兴帝业，桐江无用一丝风”。同样的一个人，同样的行为，竟然有如此不同的评价，可见历史有时是很难评说的。不管是正说还是戏说，关于严子陵，《后汉书》有传，说他少有高名，是刘秀的好同学，刘秀即位后，想请他出来辅佐自己，三次派车去接他，“三反而后至，舍北军”，住进警备部队。刘秀先派人接他入宫，但严子陵不去，只回一信：“怀仁辅义天下悦，阿谀顺旨要领绝。”刘秀见信，说：“狂奴故态也。”当天就亲自上门去看望严子陵。大白天的，严子陵还躺在床上，袒着个肚子，见光武帝来，也不起来。刘秀上前摸摸严子陵的肚子说：“咄咄子陵，不可相助为理耶？”严子陵听了，好久才睁开眼说：“昔唐尧著德，巢父洗耳，士故有志，何至相迫乎？”光武帝刘秀听了此言深深地叹了口气：“子陵，我竟不能下汝耶！”遂怅然而回。过了几天，严子陵大概觉得自己的行为有点过分，就进宫去与刘秀叙旧谈天。两人同榻相聊甚欢，不知不觉聊了很长时间，光武帝摸着严子陵的肚子，严子陵将脚搁在光武帝的肚子上，真正到了忘形的地步。汉光武帝后来封严子陵为谏议大夫，严子陵不受，耕读于富春山，八十而终。写严子陵钓台的85首诗词中，绝大多数是与范仲淹一样赞扬严子陵视“富贵于我如浮云”的高风亮节，让人总觉得有人云亦云的感觉，即使李清照也脱不了这俗套，“巨舰只经因得往，扁舟亦是为名来。往来有愧先生德，物地通宵过钓台。”但有一首诗让人耳目一新，那就是大诗人李白的《箜篌谣》：“攀天莫登龙，走山莫骑虎。贵贱结交心不移，惟有严陵及光武。周公称大圣，管蔡宁相容。汉谣一斗粟，不与淮南春。兄弟尚路人，吾心安所从。他人方寸间，山海几千重。轻言托朋友，对面九疑峰。多花必早落，桃李不如松。管鲍久已死，何人继其踪。”李白赞颂严子陵与刘秀的传世友谊，是因为这世界让他感觉到真正的友情实在太少，兄弟是路人，朋友多疑心，人心隔山海，更不用说贵贱能结交。李白赞颂的主角应该是刘秀，是刘秀的仁义和真心感动了李白，也感动我们后世的人。

有一年，正值潇潇春雨之时，我与几位写诗的朋友去了严子陵钓台。坐在钓台石上，望眼前苍茫江景，怀古人人去留名，“此地空余钓鱼台”，禁不住怆然涕下。

如梦如幻千岛湖

汽船剖削水之胸/翻白沫鸥鸟样追逐/那水，纯洁如胎儿之白/沉静似哲人之蓝/没有声波振动/美在无声里显影/显影成绿眼睛的美人/诱惑，无限之诱惑/跌进那绿眼睛里/会变成一尾鱼，也不悔。

这一湖无法比拟的绿，在阳光下，远的灰绿如带，幽光闪烁；近的碧绿如玉，倒影清晰。微风拂来，倒影晃动，一圈一圈，如唱片旋转。不需用耳，只要用心听。

船渐渐驶入山湾之间，水色由深变浅，阳光直透湖底。光到之处，许多鱼儿在摆尾。一忽儿，鱼儿仿佛有隐身术，都无影无踪，仍然是无边的绿。

我们的船突然置身于岛的迷宫，前面后面左边右边，全是一个个葱绿的小岛。船在动，岛向你逼近；船不动，岛仍然环绕在四周。我们的船绕过一个又一个山湾，探险船一样，终于绕出了迷宫，前面又是广阔的水域，碧绿如蓝。

这就是千岛湖给我的美的印象。在我们生活的环境中，我们看多了被污染得漆黑腐臭的河流和湖泊，乍一看到千岛湖的水，你会不相信自己的眼睛，你会觉得这是个梦，你会被它迷醉。

千岛湖上有近2000个小岛，面积超过2500平方米的岛屿有1078个，其实每个小岛原来都是一座山，山上清溪飞瀑，万壑汇成清湖。573平方公里的水域，平均水深34米。这样一个庞大的湖泊，不是大自然的杰作，而是人工拦截而成。1957年4月，在建德新安江镇的桐官峡谷中，我国第一座自行设计、自制设备、自主建设的大型水力发电站动工，动迁移民30.6万人。这些大山中的老百姓，为了国家的利益，离乡背井迁往异地生活。而那2000多座大山就被淹没在水中，成为了岛屿。1960年，水库正式发电，

千岛湖，一个纯净的湖。

山花遍野的临安山区

一个美丽的湖泊从此诞生。

旅游无外乎是看山看水看文化，最终目的是放松心情，陶冶性情。到千岛湖看水，你绝不会后悔，当然还可看那千姿百态的岛屿。湖中海拔最高的岛叫“梅峰”，在梅峰观景台上可纵览300多座大大小小的岛屿，像上天设计的一盘棋局，永远决不出胜负。而原来的龙山，大部分淹没在水下，露出的山头成了龙山岛，岛上建有新的海瑞祠。海瑞在淳安做过县官，为人民办了许多好事。海瑞祠原来在龙山脚下，现仍保留在水下，也许已成了鱼儿们的路亭。云蒙列岛，由十多个大小岛屿组成，又名猴岛。这里有无数只猴子，都是野猴。这么多猴子是怎么来到猴岛上的呢？据说是中国科学院的人用水困法将它们赶到了这里。

天目山

去西天目山，可在杭州汽车西站直接坐车，2小时左右就可到风景区大门。车过了临安城，路开始缓缓向上盘，两边是长满毛竹的青山，有清溪时续时断，山脚下是一幢幢簇新的农居。进入风景区大门，竹径通幽，山泉淙淙，梵钟夹着鸟鸣，将一路的劳顿和炎热驱赶得无影无踪。

天目山分东天目和西天目。东天目的最高峰大仙顶，高1478米；西天目最高峰仙人顶，高1506米。两山顶峰上都有一个天池，池水清澈，像山的一双眼睛，因而山以“天目”命名。《太平寰宇记》说：“水缘山曲折，东西巨源若两目，故曰天目。”

东天目山、西天目山被人注意，与南朝梁代的文学家昭明太子有关。昭明太子萧统（501~531年），是梁武帝的长子，主持编撰了《昭明文选》。这一部文选对后世的文学影响极大，唐以后把它作为文学教材，杜甫就要求儿子“熟读文选理”，陆游也曾说“《文选》烂，秀才半”，就是说只要熟读《文选》，就是半个秀才了。那么，昭明太子是怎么与天目山纠结在一起的呢？据《太平寰宇记》记载：“梁昭明太子，以葬母丁贵嫔，被宫监鲍邈之谮，不能自明，遂惭愤不见帝（武帝），来临安东天目山禅修，取汉及六朝文字遴之，为《文选》二十卷，取《金刚经》，分为三十二节，心血以枯，双目俱瞽。禅师志公，导取石池水洗之，一目明；复于西天目山，取池水以洗之，双目明，不数年，帝遣人来迎；兵马候于天目山之麓，因建寺为等慈院。”《太平寰宇记》是北宋太宗赵炅时的地理总志，保留了大量珍贵的史料。即使这件事只是个传说，但人们却深信其真，因为昭明太子是为了母亲而受诬陷的，而又为了文学和佛经而瞎了双眼，所以人们会纪念他。因而在东天目有洗眼池、昭明寺、太子殿、分经台，在西天目也同样有洗眼池、昭明寺、太子殿、分经台。

东天目山我只去过一次，记得到半山腰的昭明寺看了看，没留下多少印象，只觉得有点奇怪，萧统只活到30岁，搞了一套文选，就值得人一千几百年来都这么大张旗鼓地纪念？历史上要纪念的人多了去了，为什么会选择他？

西天目我去过好多次，大多是夏天去避暑。西天目因它的地理环境和95%的植被，夏天比杭州凉爽，特别是山上，平均温度只有20多摄氏度，是避暑的好去处。我们住过禅源寺旁的宾馆，住过天目书院，也住过农家乐，各有特色。禅源寺始建于1425年，清康熙时重建，当时规模很大，有僧众1300多人。“禅源寺”三字为雍正帝御书。同治十五年（1876年）时，因韦驮菩萨祈雨灵验，从此，将此寺立为韦驮道场，同治皇帝御书“福佑潜城”匾悬于寺中。天目书院又称“太子庵”，相传是昭明太子的读书处，在禅源寺西北的昭明峰下。里面有昭明遗迹：文选楼、太子井和洗眼池。

到西天目，是一定要去看大树的，有“黄山归来不看山，天目归来不看树”之说。这里有国家级的柳杉群保护区，许多树都已上千岁。从天目书院旁的山路上去，不一会，两边高大的柳杉、银杏、金钱松将整个天都遮住了。树林越来越密，阳光都穿透不进来。大树都有几十米高、三四人抱粗，像栋梁似的撑起了一个绿色的苍穹。空气湿漉漉的，清新爽净，各种鸟声在湿润的空气里显得更加圆润，我们的心也变得清澈圆润。

半山腰的狮子岩崖势突兀，状如巨狮昂首，中有一凹处称“狮子口”，据传是元代高峰禅师参禅坐化之处。元世祖至元十六年（1279年），高峰禅师在此建开山老殿，也即狮子正宗禅寺。寺里原有一口狮子禅钟，1318年由僧人们募来上千斤青铜铸成，重485公斤。1958年，大炼钢铁时被投入炼钢炉，成为一堆废物。2008年又重铸狮子禅钟。

狮子岩东北有一棵十五六人合抱的柳杉树，树龄有1500多年。乾隆两次登西天目，敕封它为“大树王”。我看到这棵树时，它早已经死了，但枯死的树干仍屹立不倒。据说是被人剥皮而死，讹传此树皮能治百病，人们便上山竞相剥取。多么愚蠢又残忍的人啊！老殿附近另有一棵千年银杏，环围10多米，巨大的根部处长着20多株大小不一、不同年代的银杏，被人们称为“五世同堂”树。但愿这棵银杏能世世代代一直繁衍下去。

祥源寺塔

往事

富阳，一个不大的地区，竟然住有孙权、刘备、曹操的许多后裔。这里留下了多少故事？

生子当如孙仲谋

《辞海》里有关孙权的注释：孙权（182~252年），即吴大帝。三国时吴国的建立者。229~252年在位。字仲谋，吴郡富春（今浙江富阳）人。

富阳有一条美丽的江，叫“富春江”，多少诗人为它写下过美妙的诗句，白居易的“春来江水绿如蓝”描绘的就是这条江。在江中有一个沙洲，叫“王洲”，古时称“孙洲”。据富春《孙氏宗谱》记载，孙权的祖父孙钟是春秋孙武的二十代孙，东汉末年，隐居在孙洲的瓜桥埠村以种瓜为业。而再往上溯，孙武的长孙曾被封为富春侯，成为富春孙氏宗族的始祖。孙权当东吴大帝以后，孙洲改为王洲。

孙权故里

关于孙钟种瓜在当地有一个传说：孙钟以种瓜孝奉母亲，感动了神仙下凡来相助。有一年，十亩瓜田里只结了一个瓜，孙钟将半个给神仙，半个给母亲。神仙对孙钟说：“你前走一百步筑坟，子孙必为帝王。”孙钟不太相信，只走了三十步而筑坟。后来孙权果然当了皇帝，但只得了三分天下。当然，这只是一个传说，东吴的建立是经过孙坚、孙策、孙权父子的艰苦创业而成功的。

孙权的父亲孙坚（155~191年），在东汉灵帝中平三年（186年）就做了长沙太守，是一方豪杰，在追击刘表的战役中，中了埋伏，死时仅37岁。他的长子孙策（175~200年），刚16岁，就表现出杰出的统帅才能。他和父亲一样，有独霸江东之志。孙策向袁术借了三千兵马，一举攻下会稽，平定了江东。但他也被人暗算，中毒剑而死，死时只有25岁。

孙权19岁继承了哥哥孙策之位。他遵照哥哥要力保江东的遗嘱，与刘备联合，在赤壁之战中击败曹操。东汉建安十三年（208年），曹操战败刘表取得荆州，企图一举灭吴。当时，孙刘的兵力只有曹操的十分之一，但孙权胆略过人，用火攻战术大破曹军，曹操元气大伤，再无心也无力攻击江南。从而，奠定了三国鼎立的局面。

公元229年，孙权在武昌称帝，同年迁都南京。他在江南实行屯田制，鼓励发展生产，他甚至将自己驾车用的八头牛改为耕牛，亲自驾牛扶犁。他注意兴修水利，从事丝织、手工业，并发展了航海业。孙权统治江东51年，江南后来的经济与黄河流域能并驾齐驱，他绝对功不可没。

据现有的资料，富阳这么一个不大的地区，竟然住有孙权、刘备、曹操的许多后裔。富阳龙门镇7000多人中有90%是孙权的后代；上村是曹植的后代，明代时从安徽雄村迁居至此；曙星村住着刘备的后裔。司马炎登基后，刘备的后代刘川逃到这里避难，“活金死刘”的规矩一直延续着。因当时为了躲避追杀，将刘（劉）姓的半边卯刀去掉，只留下半边金字，活着时姓金，死后仍恢复刘姓。

多年前，杭州图书馆的馆长褚树青组织了杭州市文化界的几个老人去龙门镇玩，把我也叫上了。树青是我的朋友，年轻有为又极其敬老。我本来以为跟着这些七老八十的人一起玩，一定非常乏味。其实大不然，他们知识渊博，童心未泯，谈今说古，在龙门镇古老的巷弄里穿行，本身就是一道风景。

龙门镇旁有龙门山，山顶有飞瀑如练，东汉名士严子陵到此一游，写下诗句“此地山清水秀，胜似吕梁龙门”，因而得名。富阳当地人郁达夫也曾作诗：“天外银河一道斜，四山飞瀑尽鸣蛙。明朝我欲扶桑去，可许矶边泛钓槎。”

龙门镇其实是一个村子，与江南大多数村子一样，白墙黑瓦，老街窄巷，只是它没有在无数的战争和运动中被破坏，仍然保留了自明清至民国时不同风格的许多建筑。村子里曾经有60多座厅堂，现存30多座，整个村子是由以众多厅堂为中心的居住院落组成。厅与厅之间，卵石铺的窄巷像蛛网，屋檐与屋檐相连，从这家走到那家，即使下雨，也不会湿鞋。

据《孙氏宗谱》记载，宋朝初期，孙权的二十六世孙将家迁居到龙门，到现在已有1000多年。

龙门镇老宅

海瑞背纤

淳安海瑞祠

1965年11月10日，上海《文汇报》发表了姚文元的批判吴晗的《评新编历史剧〈海瑞罢官〉》，自此，拉开了“十年文革浩劫”的序幕。400多年前的海瑞成了“反党反社会主义的”彭德怀，成了这场浩劫的导火索。

海瑞（1514~1587年），字汝贤，号刚峰，海南琼山人，明朝著名的清官，历任知县、州判官、户部尚书。他的刚正不阿、直言敢谏，历来为世人称道。在淳安的千岛湖下，有一个海瑞祠，是海瑞活着时老百姓为他建造的。中国如此之大，历史如此之悠久，但只有两个人生前有祠：海瑞和胡则。胡则后来神化为有求必应的大帝，而海瑞祠却沉没水底。建新安江水库时，正逢庐山会议，直言敢谏的彭德怀被罢了官。海瑞祠不保留而任其沉没水底，是否与庐山会议有关？不得而知，但从此没人再敢提海瑞。

淳安地处浙西山区，穷山恶水，历来是个贫困县。记得我弟弟1974年到淳安插队，在一个非常偏僻的小山村里。村里有人结婚，弟弟送了二角钱的礼，算是礼钱最多的，喝喜酒时坐在上位。

1558年，海瑞到淳安任知县，这时，他已经45岁。从京城到了淳安境内后，他不坐船不乘轿不骑马，一路微服徒步到县城，只是为了能考察当地老百姓的生活现状。在沿途的考察中，他发现老百姓承担的赋税很重，而很多是不应该承担的。譬如土地的丈量有问题，都比实际的多，老百姓就得多付田赋。海瑞一上任即重新丈量土地，并减少农民的徭税。海瑞的“均徭”政策，让贫穷的农民有了休养生息的机会，许多为逃避苛捐杂税而流落外地的农民都纷纷回到家乡。

在海瑞之前，历届知县的津贴、去京城贿赂京官的金银财宝，都要从田赋里加收。海瑞来了后，废除了这一不成文的规矩。海瑞在淳安做了四年官，曾两次去京城朝觐，只花了盘缠48两银子，还是自己掏的腰包，就是说，没有用公费出差。这样的地方官，京城的高官们是绝对不会喜欢的。

1560年，宰相严嵩的亲信鄢懋卿被任命为清理盐法的钦差大臣。当时，盐业是朝廷和地方很大的财政收入，地方上的食盐征收买卖都掌控在他手中，地方官员们自然对他毕恭毕敬。而这位钦差大人却沽名钓誉，在出发前先发出通令，自称“素性简朴，不喜承迎。凡饮食供帐俱宜简朴为尚，毋得过为华奢，靡费里甲”。但是，地方官们都知道这是官样文章，照旧大摆酒席，大送钱财。鄢懋卿照单全收，丝毫不谦让。

海瑞也收到了通令，他立即派人打听钦差大人一路来的情况，获悉各地全是酒席招待，每桌酒席要三四百两白银，还要赠送大量的金银财宝，住的是华丽供帐，连尿壶都是银制的。知道这些情况后，海瑞写了一封禀帖送交钦差，列举了以上的事实后，请求钦差要拒绝地方官的逢迎拍马，摒弃奢华，这样才能完成朝廷的使命。禀帖开头写上“严州府淳安县知县海瑞谨禀”。鄢懋卿收到海瑞的禀帖，自然恼羞成怒，但也无法发作，谁让他自己先发出那通令的呢。

淳安在新安江上游，水流湍急，从下而上，船只都要由纤夫来拉。鄢懋卿要从桐庐坐船到淳安，就命海瑞派人前去拉船。平时拉船的都是农民，但正逢农忙，农民都要在田里抢收抢种，如果误了农时，一年的收成就会减产。钦差是朝廷派来的，不派人去拉纤就是对抗朝廷，有杀头之罪。于是，海瑞就自己穿上草鞋，带领县衙里的大小差役前往新安江岸边，亲自为鄢懋卿的大船背纤。年近半百的海瑞，弓着背在前面背纤，坐在大船里的钦差大臣是无地自容也好，是恼羞成怒也好，他全然不顾。

两年后，海瑞被降职，调离淳安。海瑞在淳安任知县四年，为官清廉、办事公正、严禁贪贿、减轻赋税、断案英明，被百姓称为“海青天”。当他离别时，满城百姓涌上街头，痛哭着与他告别。当时有一淳安人徐廷绶曾撰《海刚峰先生去思碑记》，歌颂他的功德：“侯之政在吾淳者，百代而为范；侯之泽在吾民者，百年而未艾。……有孚惠心，不市名而名垂不朽。”当地百姓又为他建了海瑞祠。

现在千岛湖中龙山岛上的海瑞祠是1985年新造的，那时，彭德怀也已得到平反。

民间

浙西既出名人又出物产，你来了就不会想走。

青田龙蛋石

昌化田黄石

昌化鸡血石

临安天目山真是个好地方，既出人才又出名产。五代十国时的钱镠王，就是从这大山里出去的，缔造了一个全世界最繁华的都城——杭州。临安昌化的山核桃有名，这里出产的鸡血石更名贵。

我国有四大名石：寿山石、青田石、昌化石、巴林石。其中青田石和昌化石都产于浙江，昌化石就出于昌化浙西大峡谷源头海拔1300多米的玉岩山。昌化石和寿山石、青田石又被誉为“印石三宝”。

昌化石的色彩与刚宰杀的鸡血滴在玉石上的颜色相似，所以称“鸡血石”，以红色集中、面积大、鲜艳纯净，并深透石中为上品，全红而通透的称“大红袍”，黑白地与鸡血三色称“刘关张”。

鸡血石形成于1亿年前的晚侏罗纪，那时候，统治地球的是恐龙，远没有人类。那时候，地壳运动频繁，大陆板块开始分裂，非洲从南美洲裂开，印度移向亚洲，地壳的缝中生成了大西洋。鸡血石就在这样的地壳运动中，由朱砂在高岭石和地开石中不断渗透而形成。

昌化鸡血石按色泽、透明度、光泽度和硬度，分为冻地、软地、刚地、硬地四大类，有100多个品种。冻地鸡血石品种主要有牛角冻、田黄冻、桃红冻、朱砂冻、五彩冻、羊脂冻等，为上品；软地鸡血石

各式各样的印章

是昌化鸡血石中最常见的，主要品种有黑旋风、瓦灰地、酱色地、黄玉、花玉、青玉、板纹等；刚地鸡血石的硬度大，大多不宜雕刻，只是稍作修饰后观赏其自然美，主要品种有刚地灰、刚白地、刚粉红等；硬地鸡血石最低档，但有的表面有鲜艳的鸡血，俗称“皮血”，也是制作工艺品的好材料。

关于鸡血石，还有一个美丽的传说：在很久以前，陆地上蝗虫成灾，庄稼颗粒无收，饿殍遍野，百姓苦不堪言。天上有一对凤凰，决心下来消灭虫害。它们每天一早就飞出窝去啄食蝗虫，经过七七四十九天的努力，蝗虫终于被消灭。百姓们非常感激这对凤凰，请求它们留下，于是凤凰就在一座山上筑起了凤凰沼。不久，凤凰沼周边的山岩都变成了白玉，这就是鸡血石产地玉岩山的来历。

玉岩山上有一对鸟狮，见凤凰受到百姓如此爱戴，就心生嫉妒。有一天，雌凤凰正在窝中孵小凤凰，雄凤凰出外觅食去了，鸟狮就将雌凤凰的一条腿打断，并将凤凰蛋打破。雌凤凰的血溅在玉岩山的石头上，血红血红的。雄凤凰回来看到这一景象，带着雌凤凰悲愤地离开玉岩山回到了天上。玉岩山的百姓发誓要为凤凰报仇，他们打死了那对鸟狮，并对天祈祷，请求上天保佑凤凰。

这凤凰血和凤凰蛋经过千万年的造化，成了凤血石，即鸡血石。

浙江山区的山核桃树

山核桃

山核桃，又名小核桃、小胡桃，是产于南方的一种坚果，只有小孩子玩的玻璃弹子那么大。北方人大多不会吃这种核桃，剥起来麻烦，又只有一点点肉，真是“剥剥一夜头，吃吃一口头”。但杭州人、上海人都特别爱吃，它的香脆是大核桃无法比拟的。记得“文革”期间，我们学校要接待南来北往大串联的学生，其中来了一批上海中学生，他们在学校里吃住，不肯付饭费，说是没有钱了，但却到处打听哪里有小核桃卖。我们想出了一个主意，在校门口贴出布告：要买山核桃的同学请到传达室登记、付款。许多上海学生立马去传达室登记，钱就这样被我们收缴了。这也说明上海人对山核桃的喜欢。

吃山核桃要用牙咬最香，牙口不好的只得用核桃钳，就稍次了些。现在市面上有山核桃肉卖，方便，但总觉得没有自己咬开的好吃，就像吃瓜子仁总没有自己嗑瓜子香。其实，吃山核桃、嗑瓜子，意不在吃它们的肉，而是在享受吃它们的过程和吃过后齿颊留香的感觉。

山核桃在浙江省安吉、淳安、临安以及安徽、湖南都有，但临安昌化最多也最有名。在昌化，山核桃种植加工已有500多年历史。昌化在西天目山深处，那里海拔五六百米，最适宜山核桃的生长。山核桃属胡桃科，雌雄同株，白露后采摘。山核桃树大多长在悬崖峭壁上，采摘山核桃是一项很危险很累的活，每年采摘时节，都会有人摔死。我们吃的其实是它的果核，因而采来后，要先将外面的肉质东西沤烂脱皮，然后用盐水浸泡，用水煮去掉涩味，再进行烘炒，又香又脆略带咸味的山核桃就炒制成了。我们小时候只有一种椒盐山核桃卖，一分钱两颗，二角五分一斤。现在山核桃身价百倍，要四五十元一斤。有椒盐的、奶油味的、多味的，还有单卖山核桃仁的，但我还是觉得椒盐的最好吃。

浙北人文地理

ZHEBEI RENWEN DILI

河上泛起淡淡的水汽，小火轮“突突”的声音穿透了沿河的窗户，一列长长的船队穿越过桥洞，上面载着煤、沙和各种农产品。船队总是日日夜夜不停地从这个小镇穿到那个小镇，将货物从这里运输到那里。精致的石拱桥上，人们一大早就挑着菜担或拎着菜篮在做买卖；沿河的小街上，店家已经“噼噼啪啪”在卸着店铺的门板；茶馆的水已经煮开了，羊肉铺里弥漫着茴香味和羊肉的膻味。新的一天又将开始。这就是浙北，也即杭嘉湖平原上人们的日常生活。

杭嘉湖平原在浙江北部，北连太湖，东临东海，南倚钱塘江，西接天目之水，地势低平，平均海拔只有3米左右。这里河流密布，水网交错，每平方公里有13公里的河流，为中国之冠，更有京杭大运河纵贯全境。

太平橋

杭嘉湖平原包括杭州（另写）、嘉兴、湖州三个地区，历来有“丝绸之府，鱼米之乡”的美誉。早在7000多年前，嘉兴的马家浜就有先民在这里耕穑渔猎；大禹治水时期，防风氏就在湖州的德清建立了防风国；两汉时，这里就已屯田为粮、煮海为盐，因而有了嘉兴的海盐县；隋炀帝修镇江经嘉兴到杭州的江南运河，更给杭嘉湖带来灌溉和舟楫之便，使得这一带的经济突飞猛进。六朝以来，这里就是中国皇室和军队用粮的主要来源地；到唐代，仅嘉兴就有屯田27处，成了中国东南最重要的产粮区，有“嘉禾一穰，江淮为之康；嘉禾一歉，江淮为之俭”之说。而湖州，在公元前248年就由春申君黄歇建了城；公元前206年，项羽在湖州起兵，自立楚霸王，在湖州城中心建了项王城。

在杭嘉湖平原上，3000多公里长的水路没有波澜，没有险滩，河流经过大大小小500多个城镇，像穿珍珠一样穿了起来，人们一直过着安静庸常、自足滋润的生活。但是，我们千万不能忽略了这些小镇。小镇是杭嘉湖平原的灵魂。粉墙、黛瓦、拱桥、窄巷，是它们千篇一律的标志，但又个个不同，你很难将它们混同起来。我总是在想，为什么在杭嘉湖平原上会有如此多的小镇？记得我曾去嘉兴农村“农业学大寨”，那里的村民不像山区的聚集在一起住，而是一户一户分散着住，许多男人每天都会摇着小船或走路去附近的小镇，或喝茶，或买卖。小镇是居民的文化政治商业中心，也是农民的文化政治商业中心。现在想来，小镇的格局形成是由杭嘉湖的地理条件、经济实力决定的。水网交错的水乡，肥沃的农田连绵百里，形成了一家一户居住的模式。开门就是河，河道就是路，去田里干活可划着船去，去地里采桑也可划着船去，既开放又闭塞。他们丰收了稻米、蚕茧、鱼虾，需要将剩余的出售或交换，在一个船可划到的集散地，因商贸的发达，自然而然形成了小镇。小镇是农村和城市之间的桥梁。小镇没有大都市的繁华和浮躁，因而它淡泊又从容；它也没有农村的孤寂和劳累，因而它舒适又知足，形成了独特的小镇文化。余秋雨说：“小桥流水人家，莼鲈之思，都是一种宗教性的人生哲学的生态意象。”我觉得这是对小镇在精神层面上最准确的概括。

西塘古镇

风景

> 江南小镇历来有藏龙卧虎的本事。走在小巷小桥上，谁都会萌发出想在这里再谈一次恋爱的念头。

运河边的古镇

杭州的北大门：塘栖

塘栖在地理上是杭州的北大门，著名的京杭大运河穿镇而过。据史籍记载，早在北宋以前，塘栖只是一个小渔村，直到元朝拓宽了官塘运河以后，人们沿塘而居，小镇初现雏形。到明弘治年间，京杭运河上第一座大桥——通济大桥建成，塘栖一跃而成为江南十大名镇之一。光绪《塘栖志》云："塘栖官道所由，风帆梭织，其自杭而往者，至此少休；自嘉秀而来者，亦至此而泊宿，水陆辐辏，商家鳞集，临河两岸，市肆

塘栖广济桥，曾名通济桥，是古运河上仅存的一座七孔石拱桥。

萃焉。”是京杭运河哺育了塘栖。在早先河运兴盛年月，船入塘栖，两岸青山像迎接远客似的从烟雨中疾驰前来，耳中隐隐市喧，在气氛和情绪上，便觉得“三吴都会”杭州不远了。

明清以来，南巡皇帝大多在这里驻跸，留下不少御踪：镇上西茶亭附近，有乾隆行宫遗址；耶稣堂旁边，有乾隆巨碑，高5米多，是江南各省中现存最宏伟的一块碑刻；还有康熙饮用过的郭璞古井，紧挨着大运河，但井内水位一直比运河高出2米，成为当地一大奇观。

我觉得塘栖最有特色的是廊檐，当地因此而流传着一句歇后语：塘栖镇上落雨——淋不着。塘栖廊檐，开始于明末清初，由过街楼和美人靠组成。沿河一溜小楼，楼上住家，楼下半是街道半是店铺，逛街就走在屋檐下，不会淋着雨也不怕晒太阳。沿河一边一排栅栏状的长椅，可供人休息聊天，名曰“美人靠”，靠背上刻有图案花纹，斜出在水上，蜿蜒数里，为塘栖一绝。塘栖以廊檐、美人靠、72条半弄、36爿半桥而闻名于世。但是，在20世纪六七十年代，为了修马路，将许多河道填掉，廊檐、美人靠随之消亡。现在，塘栖镇又在努力恢复原先的模样。

塘栖还是个有名的花果之乡。早在唐朝，塘栖枇杷就因个大肉厚味甜而作为贡品，至今盛名不衰。立夏过后，各地来选购枇杷的车船云集通济桥畔，金灿灿黄澄澄，使运河成了一条金色的河。还有樱桃、青梅、杨梅、柿子、大红袍荸荠，一年四季，色彩鲜艳，使塘栖的河街成为江南古镇中最绚丽的河街。

茅盾的故乡：乌镇

乌镇有名，是因为有大作家茅盾。多年前的一个大热天，在友人的陪同下，我带了外孙女炜炜去了乌镇，只是为了参观茅盾故居。

茅盾故居在观前街与新华路交接处，是一幢砖木结构的江南民居，面街南向。买了门票进去，里面空空荡荡，参观的人寥寥无几。这屋子是茅盾曾祖父沈焕于清光绪十一年（1885年）前后在汉口经商时寄钱回来建成的，茅盾在这里出生、成长。茅盾成了名作家后，回来修建了书房，里面的书橱还是他自己设计的，并在院子里种了南天竹、棕榈树。

茅盾故居门口有卖纪念品的，我看到有丰子恺画的火花，让服务员拿给我看看。闲聊起来，那人问我：“你们是哪里的？”我答：“作协的。”“哦，做鞋的？”他好奇。真是让我和同伴喷饭，一个在大作家故居门口卖纪念品的人竟然不知道“作协”。

那时的乌镇已经破烂不堪，沿河的木结构民居歪歪斜斜像要倒的样子，似乎能听到木椽与木椽之间榫头的吱嘎声，几百年的风雨，让它们成了关节都已硬化的风烛老人，真有一种历史的沧桑感，让人想起茅盾的小说《林家铺子》。

但是，乌镇的茶馆给我印象极深，都是开门见河，推窗见水，坐在里面清一色的都是男人，都是本地人，见我们有男有女四个外乡人进来，都稀奇地抬起头看。我们走近桌子，桌旁已围坐四个人，他们挪了挪屁股，长条凳上让出了四个位子。沏茶的大妈立即拿来四只茶壶和茶盅，黑乎乎的，茶垢极厚。平底高柄的铜茶壶高高拎起，滚烫的水柱子注入四只茶壶。茶馆是小镇的信息中心，大到世界、国家命运，小到东家芝麻西家谷子，每天都能在这里听到新闻。有的农民家住几里路外的村子，每天清早都要赶到这里来喝茶，然后回去劳动。365天，天天如此，一天不来喝心里就像缺了什么。茶馆喝茶是这里男人的生活方式，茶馆成了他们的精神家园。茅盾的回忆录中曾提到他祖父每天清早都要去"访卢阁"茶馆喝茶的事。

第二次到乌镇，是在2000年秋天的一个雨天，因去看桐乡的白菊花海而去了乌镇。乌镇已今非昔比。1998年，乌镇开始了整修，修旧如旧，使一

乌镇巷道深深

座破败的古镇既焕然一新又保持了它原有的江南古镇韵味。电视剧《似水年华》通过一对生死恋人将一个小桥流水、如梦如幻的乌镇表达得尽善尽美。走在乌镇的小巷小桥上，谁都会萌发出一个念头，想在这里再谈一次轰轰烈烈的恋爱。那天，中国作家协会正在修真观戏台颁发“茅盾文学奖”，台上台下的人都撑着伞，兴致勃勃地看着一个个活跃在当今文坛的大作家上台领奖。乌镇成了“茅盾文学奖”的永久颁奖地。这让我想起了曾经的“作协是做鞋”的对话，现在的乌镇，人人都知道“作协”，并以中国作协在此颁奖而自豪。

修真观

乌镇西栅双桥

修真观戏台始建于清乾隆十四年（1749年），为歇山顶式屋面，叠梁式结构，飞檐翘角，是江南水乡典型的古建筑。乌镇的古迹很多，有昭明书室遗址、西栅老街朱家厅、通济桥、仁济桥，等等。

春秋时，乌镇是吴越边境，吴国在此驻兵防备越国，“乌戍”由此而名。到唐懿宗咸通十三年（872年），改称“乌镇”，乌镇已有1300年的历史。

民族工业的发源地：南浔

撑着尼龙花伞，沿小镇光可鉴人的青石板小路缘溪而行。溪水弯弯曲曲穿行于小镇，水晶莹，有小鱼儿一群群绕水草环游。宋代的石桥，明代的“百间楼”，已有700多年历史的江南小镇南浔，依然是那样洁净。

南浔有一座私家花园名小莲庄，里面有中西合璧的亭台楼阁，是清末光禄大夫刘镛的私人别墅。小莲庄分外园、内园。外园十亩荷池，寒水自碧，画亭蕉廊，沿涯而筑。内园实际只有一座假山，虽小但不觉其窄。山下流水，玲珑峭削，宛若一帧元代山水横披。

文昌阁

小莲庄

与小莲庄一溪之隔的是嘉业堂藏书楼，为浙江省四大私人藏书楼之一。楼主刘承干是刘镛的孙子，著有《再续清代碑传集》。据说建造此楼历时20年，耗银30万两，藏书60万卷。凡嘉业堂刊印的古籍，大都聘请清末学者缪荃孙校勘，刘承干亲自作题跋，刊刻甚精，蜚声海内。刘承干捐助巨资修建光绪陵墓，得到盖有“宣统御笔”大印的“钦若嘉业”九龙琉金匾额，被鲁迅谑称为“傻公子”。解放后，主人将藏书楼捐给了浙江图书馆。

南浔一个小小的只有1.2平方公里的江南小镇，最多时有二十几处私家花园，被行家称为“巨构”的园林就有5处，大多是中西合璧的园林建筑，实属国内罕见。

江南水乡以养蚕缫丝为业，在清同治四年（1865年），南浔就设立了丝公所。光绪二十八年（1902年），

南浔百间楼

建造了丝业会馆。每年四月，都要在会馆内的端义堂举行蚕王会，全镇丝业人员数百名在一起聚餐议事。当时的南浔是我国三大蚕丝集散地之一。这里出产的辑里丝在1915年的巴拿马国际博览会上获奖。

南浔五园的主人，都是经营蚕丝发家的。当时南浔有“四象八牛七十二金狗”之说，就是说有钱的人很多。有了钱干什么？建园林、建藏书楼、建学堂，有了钱便支援革命。镇里有一座徐一冰游泳池，是为纪念作家徐迟的父亲徐一冰建造的。徐一冰于1915年变卖了全部家产，在南浔办起了一所贫儿院，收容无家可归和无钱入学的儿童。首富张家的儿子张静江（1877~1950年）在去法国的途中认识了孙中山，一次就捐银3万两给孙中山作革命经费，后来做了国民党财政部长。镇里有张静江故居，是他祖父于1898年建造的。

生活着的千年古镇：西塘

西塘是一座千年古镇，镇很小，方圆只有2平方公里。相传春秋时伍子胥为修水利所凿伍子塘之水直抵境内市河，又有“胥塘”之称。唐宋时这里就有大姓人家建宅居住，聚成村子，到元明已是颇具规模的集镇。

西塘有三多：桥多、弄多、廊棚多。

西塘虽然不在古运河边，但这里水网交错，河道纵横。小河傍街，人家依水，青瓦白墙，木栅花窗。家家户户，前门是街，后门是河。河埠头就建在自家后门，有的甚

晨日里的寻常人家

冬日到西塘晒太阳

来西塘写生吧

窗外的世界

至把河埠头搬进了家里。沿河望去，一个个河埠头就像一架架钢琴，人们在上面洗菜洗衣停小船。

若说河埠头是钢琴，那廊棚就是长长的洞箫了。为了遮风挡雨避太阳，河边的青石板路上也盖了棚子。长长的廊棚沿着长长的河道蜿蜒向前，成了西塘的一道风景。

河多，桥自然多。小小的西塘有几十座桥。卧龙桥建于清代，环秀桥筑于明代……河水将小镇分割成碎片，桥又将碎片连接起来，组成一幅美丽的江南水乡画面。

这是一组世俗的水墨画。清晨，云雾迷蒙，人们就开始在河里洗漱，迎接新的一天的到来。白天，在烟雨长廊下，有的在做家务，有的在聊天，有的在竹躺椅上打盹休息；夜晚，河边的红灯笼倒映水中，水光灯色，将一个小镇映得如梦如幻如此温馨。住久了高楼大厦的城市人，会觉得有一种隔世的美丽。

更惊奇的是，小镇上几乎每一座房子都是一个保存完好的明清民居建筑宝库，种福堂、礼耕堂、薛宅……令人目不暇接。深宅大院之间的小弄如蛛网罗织，大大小小有100多条，长的有百米，最窄的石皮弄仅1米宽。两边是斑驳的屋墙，脚下是光滑的石板小路，时而“咿呀”一声，从黑漆的木门里探出一个满头白发的老人，你向前问好，他（她）肯定会热情地邀请你进家门，让你尽情地参观他们年代已久的雕花床、明代的花梨木桌椅。

但是，你不要以为西塘只是一个平庸的小市民小镇，就像余秋雨说的，江南小镇历来有藏龙卧虎的本事。镇上的西园系明代朱氏私邸，园内有亭台楼阁、假山鱼池。民国九年（1920年），柳亚子先生来西塘，与镇上文友余十眉、陈觉殊、蔡韶声等在西园吟诗合影。民国十年（1921年），柳亚子再次来到西塘，并在乐国酒家中摆宴吟诗。柳亚子此行成诗35首，印成《蓬心草》一卷。次年编成《乐国吟》。20世纪之初，在孙中山领导的中国同盟会革命浪潮的激扬下，一批有识之士以提倡民族气节，推翻封建王朝，建立共和政体为志，于1909年11月在苏州秘密成立了南社。这是一个以文字宣传反清的革命团体。在西塘参加南社的竟有17人（一说18人）之多，他们留下的诗文指点江山，评说时政，是当时小镇文人倾向革命的真实写照。

天下奇观海宁潮

海宁，在钱塘江的出海口，地处杭嘉湖平原。这是一块人杰地灵的土地，南宋女词人朱淑贞，新史学的开山之祖王国维，“新月派”诗人徐志摩，现代派诗人、翻译家穆旦，武侠小说大家金庸，都是海宁人，他们为中国的史学和文学史添上了精彩的不可或缺的一笔。而海宁让世人知晓，更是因为此地拥有世界一大自然奇观——海宁潮。

海宁潮，又名钱江潮。世界上有两大涌潮现象，一处是亚马孙河的出海口，另一处就是钱塘江的出海口——海宁。

这海宁潮究竟有何魅力，让人们万人空巷去观看它？宋代词人潘阆有一首《酒泉子·忆观潮》，写的就是这潮水的壮观：“长忆观潮，满郭人争江上望。来疑沧海尽成空，万面鼓声中。弄潮儿向涛头立，手把红旗旗不湿。别来几向梦中看，梦觉尚心寒。”怀疑沧海里的水都倒空往江里涌，潮水的声音像万面大鼓在擂，那是何等的气势？记得我读初中时也去看过钱江潮，还只是在杭州的七堡，离海宁远着呢！但那一次的潮水让我永世不忘：我们焦急地等待着，江岸上人山人海。终于，听到了远处“轰隆轰隆”的像有火车驶来的声音，那声音越来越响，越来越响，变成了千万只大鼓在擂。天的尽头，有一条白线在移动。人们大声呼叫：“潮来了！潮来了！”有的人干脆跑到江边。那白线移动着，越来越高，像几万条白龙黄龙汇成的十几米高的大墙，以迅雷不及掩耳之势排山倒海般地冲了过来。霎时，如蛟龙脱锁，潮头突竖，暴雨如注。吓得我们赶快拔腿就逃，几个跑到江边的人被潮水卷了去。不一会，我们刚才站的地方

被水淹没，至今想起“尚心寒”。宋人燕肃曾说：“四海潮平，来皆有渐，惟浙江潮至，则亘如山岳，奋如雷霆，水岸横飞，雪崖旁射，澎腾奋飞，吁可畏也。”我在14岁时就领教了这钱江大潮的厉害。

据科学家的研究，海宁潮的形成是由于太阳、月亮的引力和地球自转产生的离心力的作用，到农历八月十八，三球在一条直线上，海水受到的引力最大。钱塘江出海口呈喇叭形，江口大江身小，海潮从100公里宽的江口涌入，到海宁盐官只有3公里宽，而这时的江潮又从钱塘江上游向海口冲来，两水在海宁盐官这最窄处相撞，从而形成了举世闻名的自然奇观——海宁潮。

海宁潮一日两次，白天称“潮”，夜晚称“汐”；农历初一、十五子午潮。所以一年有120个观潮日，但每年的农历八月十五前后为最大，南宋时就将农历八月十八定为观潮节。

关于海宁潮还有一个民间传说，说是吴国大夫伍子胥因进谏吴王夫差不要轻信奸臣谗言放勾践，反而被吴王赐剑自杀谢罪。一片丹心遭此下场，伍子胥怒发冲冠，大骂夫差昏庸无道。他嘱咐儿子：“扶吾目悬于东门，以观越兵来伐吴；以鱼夷鱼皮裹吾尸，投于江中，吾当朝暮来朝，以观吴之败。”伍子胥死后，尸体投入钱塘江，那天正是农历八月十八，人们说他天天驾着白马素车在钱塘江中奔腾吼叫，称他为“海潮神”。

2007年，我去了海宁看潮，想象中，那一定是何等的壮观。盐官的江堤上搭起了观潮台，人们戴着墨镜，撑着遮阳伞，坐在椅子上，像等待一场球赛一样伸长了脖子。终于，远处的白线出现了，人们叫喊着、欢呼着，声音盖过了大潮的轰响。大潮涌到了面前，但是，实在不是我曾经看到的那大潮，怎么巨龙阵变成了“羊群”？仅1米高的潮前赴后继着从我们的眼皮底下蜂拥而去，人群中发出了多少失望的嘘声！

从20世纪60年代后期起，钱塘江南岸的萧山进行了大规模的围垦造田，向大江要了几万亩良田，使得钱塘江的出海口变窄。我想，这大概就是海宁潮变小的原因。当然，这只是我的臆想，没有经过专家的论证。但愿这一世界奇观的逐渐退化，不是因为我们人类向大自然无节制地索取的缘故。

清凉世界莫干山

20世纪80年代，我们单位基本上每年夏天都要去莫干山避暑。杭州的夏天热得让人受不了，37℃、38℃是经常的。莫干山虽然离杭州只有几十公里，但那里的气温要低10℃左右，凉爽宜人。因为凉爽，许多有钱人都到山上建别墅，有300多座近现代别墅隐于林间，它们荟萃了英、德、法、日、俄等各种建筑风格。名武陵村的别墅是蒋介石和宋美龄度蜜月的地方；白云山馆是国民党第一任外交部长黄郛所建，周恩来和蒋介石在这里进行过国共和谈；林海别墅是上海黑老大杜月笙的……那些年，山上的房子都被省级单位轮流包下，有的还可以带家属去度假。我们每年都换一幢房子住，记得曾经

山中别墅

住过皇后饭店，“文革”前毛泽东主席就在这里住过。

莫干山属天目山余脉，总面积43平方公里，包括了中华山、金家山、屋脊山、炮台山和塔山。植被覆盖率高达92%，主峰塔山海拔719米。这里山峦起伏，有茂林修竹、清冽山泉，与北戴河、庐山、鸡公山并称为我国四大避暑胜地。

山上有许多风景点，如芦花荡、天池遗踪、怪石角、剑池飞瀑、塔山公园等30多处。

我们最喜欢去的地方是剑池，一条绿阴中的飞瀑，在嶙峋怪石中一路跳跃到此，形成一池。这剑池传说有来历，也是莫干山山名的来历。春秋末，吴王命干将、莫邪夫妇三月内铸盖世宝剑。干将、莫邪夫妇在此山铸成雌雄宝剑，雌名莫邪，雄名干将，合则为一，分则为二。后来干将被吴王杀害，儿子莫干用自己的生命为父报了仇。据说莫邪、干将铸剑、磨剑处就在此地，故名“剑池”，山也就叫“莫干山”。当然，这只是个传说，但其中也传达了人们嫉恶如仇的信息。

莫干山上有成片成片的毛竹林，使山梁像披上了绿色的羽毛。几乎每天，山上都会飘一点小雨，小雨点打在竹叶上，发出“沙沙沙”似蚕宝宝吃桑叶的声音。一会儿，雨又不知飘到哪里去了。黄昏，蝉开始鸣叫。先是一只蝉发出一声试探性的声音；接着，许多只和起来；再接着，千只万只一起鸣叫，发出巨大的排山倒海一样的声音。它们的声音是那么整齐，没有杂音。蝉鸣山愈静。坐在屋檐下的藤椅上，将整个人埋进蝉声里，你还会不清凉吗？

剑池

往事

历史是胜利者的历史。杭嘉湖一带的许多民俗都与防风有关，可见老百姓心里有杆秤。

万古洪荒的见证：长兴“金钉子”

“金钉子”是研究地球发展史的一个专业名词。

地球，已经有46亿岁。发展变化最为动荡的是距今2.5亿年前。混沌初开的地球表面，到处是天塌地裂，狂飙大作，烈焰冲天，浊浪排空，黑暗中夹杂着惊天动地的恐怖轰鸣。全球生物在经受着一次比原子弹爆炸不知要猛烈多少倍的超级大毁灭。经过这场浩劫，此前生活在古生代的95%以上的生物从地球上永远消失，代之而起的是诸如恐龙、扬子鳄和银杏等较高一级的新物种。古生代过渡到中生代。这一切，都被无言地记录在长兴煤山镇附近那一段16厘米厚的灰褐色土层里。这一土层，科学家们标号为27号。想想真是神秘又不可思议，几亿年前的事能够通过一段土层而知晓。

是谁破解了这个万古之谜的呢？

长兴“金钉子”遗址公园

“金钉子”博物馆

1917年，地质学家丁文江听说长兴有遍山的石灰石，就直奔而来。他在这里发现了4亿年前的石英岩。以后，许多中外的地质学家、古生物学家陆续来到这里。经过一个多世纪的考察和研究，这16厘米厚的灰褐色土层被定名为“长兴灰岩”。

20世纪60年代，中科院南京古生物研究所所长赵金科带领一群科学工作者，在这里发现了晚二叠纪华夏菊石动物群，有102种。菊石是2亿多年前就灭种的软体动物。从而，更证实了科学家们的发现和研究结果。

国际地质科学委员会的权威们，根据收到的大量有关27号灰岩的考察报告，经过3年四轮层层投票遴选，于2001年从奥地利的卡尼亚、俄罗斯的外高加索、印控克什米尔、巴基斯坦的岭盐、美国的犹他、哈萨克斯坦的阿拉木图等十多个申报候选单位中，最后选中了长兴，将这一枚地球层型界线标志物——金钉子永远钉在了长兴煤山，成为全世界唯一考察了解古生代向中生代演化的最佳研究基地。

2001年8 月，来自13个国家的近百名地质学家和古生物学家来到长兴，为“金钉子”纪念碑揭牌。“金钉子”纪念碑高10米，顶端尖尖的，酷似一枚倒立着的巨大钉子，在阳光下闪闪发亮。顶端上的造型仿佛一只翘着小拇指的奇特拳头，这是古生代一种典型的生物，叫小牙形刺，只有芝麻粒大，它从地球上消失已2.5亿年。

防风古国

德清下渚湖，古时称“封渚湖”，史志上说因防风氏所居而得名，也称“防风湖”。防风氏何许人也？即与夏禹同时代的汪芒国（后称“防风国”）首领。孔子在《国语》中说防风“守封、禺之山”，这封、禺二山就在下渚湖北和东南面。

封山山麓有防风庙。此庙最初为西晋元康元年（291年）当地县令贺循建造，从保存在庙内的五代吴越王碑铭看，远在贺之前，这里就有防风祠。防风氏在杭嘉湖一带，一直被尊为“利济于民”的“前贤”。防风庙的壁画依据神话传说描绘了防风氏这位治水英雄的一生：他根据地势高低不同，带领先民们在山坡上垒堰筑坝，在平地挖沟疏导，将滔滔洪水北排太湖、南导钱江、东泄大海，使躲避水患栖身山上的先民们得以下山来定居，耕种劳作，生息繁衍，使这一带逐渐发展成为五谷丰登、人丁兴旺的防风古国。

这样一个治水英雄，却死在了夏禹的刀下。据孔子的说法：“昔禹致群神于会稽之山，防风氏后至，禹杀而戮之。”

下渚湖岸边野花遍地

“后至”，就是迟到了。夏禹召集大家开会，防风氏迟到了，夏禹就将他“杀而戮之”。对于防风氏的死，屈原在《天问》和《招魂》中都提到防风古国，但没提出质疑；贺循在《会稽记》中记述了防风在刑塘被杀的详细经过，也未着一字褒贬。只是在了解到当地民间口头上有关防风治水的传说后，为他立祠建庙。

禹杀防风这一事件，一是折射出这个会的重要性，二也看出夏禹残忍的一面。夏禹在治服洪水的过程中，“披九山，通九泽，决九河，定九州”，得到了众多部落首领的拥护。他在会稽大会天下诸侯，标志着中华民族第一个真正的政治实体初步形成。夏禹对防风在这样关键的时刻竟然“后至”，可以想象，一定非常恼火。但是，“杀而戮之”，砍了头还要陈尸，是够残忍的。防风的头颅，就这样成了我们民族建立最初国家的祭奠物。

历史是胜利者的历史。防风氏死后，意味着汪芒国被征服，该部族的人们都逃向浙江与安徽的群山里避难，该部族的文化也相应失落。有关防风治水的事迹，在正统的典籍上自然不可能记载，只在他的后裔中口口相传。

随着时代的更迭，汪芒简化成了汪，居百家姓第56位。德清防风古国，就是海内外汪姓人最早的发祥地。

在杭嘉湖一带，如杭州笕桥、海宁双庙等地，都建有防风庙。这里的许多民俗都与防风有关，比如喝防风茶，奏防风古乐，跳防风舞，祭防风神。可见，人心是杆秤，只要为老百姓做过好事，他们是不会忘记的。

西塞山怀古

“西塞山前白鹭飞，桃花流水鳜鱼肥。青箬笠，绿蓑衣，斜风细雨不须归。”

张志和这一首《渔歌子（之一）》称得上是风流千古，它是中国文人出世归隐生活的一个象征。张志和一生在唐诗中只留下了9首短诗，但他在中国诗歌史上的地位是不容置疑的。

张志和（730~810年），字子同，初名龟龄，中唐词人，婺州（今浙江金华）人。善歌词，能书画、击鼓、吹笛。

西塞山山明水秀，其佳景被不少诗人吟诵。

西塞山也叫“道士矶”，在湖州西郊的分南乡樊漾湖（即凡常湖）边，山形不大，但风光旖旎，云雾缭绕，一峰高耸，形似五指并举、掌心向外的巨掌，直指云端。明万历《湖州府志》记载：“西塞山在城西二十五里，有桃花坞，下有凡常湖，唐张志和游钓于此。”

那么，一个金华人，怎么会来到湖州西塞山？

事情还得从头说起。张志和16岁就因他的才华得以明经擢第，肃宗时待诏翰林。20多岁时，他的父亲猝亡，使他突然醒悟到生命的短暂，毅然辞官，去会稽隐居，自号“烟波钓徒”。据大书法家颜真卿在写张志和的传记中描述，他常披一块未剪裁的大布，或夏秋以荷叶为衣，住的是树搭成的屋棚，吃粗粮果子，白天执畚疏河道，晚上著书立说。

公元772年，颜真卿在湖州当刺史期间，和“茶圣”陆羽一起前往会稽邀请张志和到湖州一游。性格有点孤僻的张竟然一口应允，也许他是钦慕两人的才华。三人坐船回湖州，船在府署前的骆驼桥下要上岸时，张志和却拒绝上岸。他说：“愿浮家泛宅，往来苕霅间。”“苕”、“霅”是湖州的两条溪。

自此，张志和在湖州泛舟游历，寄情于山水之间，萍踪不定。他一定到过城西的西塞山，因而留下了这首千古绝唱。

张志和是什么时候离开湖州的？774年，颜真卿曾写《浪迹先生玄真子张志和碑铭》，这时候张已经不在湖州。在湖州期间，张志和曾应颜真卿之请泛舟太湖，为颜画过《洞庭三山图》，这是另一唐朝诗人皎然写的诗《观玄真子为真卿画洞庭三山图》中记载的。

三癸亭

杼山三癸亭佳话

杼山位于湖州西南妙西乡境内，因夏王杼巡狩至此而得名。山上有三癸亭和陆羽墓。

先说三癸亭。唐时山上有一宝积寺，即梁代的妙喜寺。该寺住持是皎然（字清昼，长兴人），是个诗人。唐大历七年（772年），大书法家颜真卿来湖州任刺史，与皎然结为好友，常来寺中谈诗论文。第二年，颜发起成立一个诗茶学会，与陆羽、皎然、孟郊等人常在杼山雅聚。想象一下，一批文人雅士，品茗吟诗，真可与王羲之们兰亭的曲水流觞媲美。这是古时中国文人的精神生活。为了纪念这些雅集，颜又发起建造了“三癸亭”。因建亭时间是癸丑年癸卯月癸亥日，故称“三癸亭”。

在这雅集中，陆羽因为对茶事的精通，成为中心人物。

陆羽（733~804年），字鸿渐，复州竟陵（湖北天门）人。一生嗜茶，精于茶道，在湖州生活了30多年，对茶树进行育种、栽培、加工，在湖州长兴顾渚山著成《茶经》三卷。

有关陆羽的身世说法，有不同的版本，但都说他是个弃儿，是被天门龙盖寺的智积禅师在门口捡到，当时有数只大雁护着他。

陆羽在龙盖寺渐渐长大，做了智积的小仆人，为他煮茶。但他不愿剃度出家，10岁的小陆羽被罚放牛、扫寺清厕，还经常被打得皮开肉绽。

12岁那年，陆羽逃离了龙盖寺，进了戏班子做伶人。

13岁，在演出时遇到了竟陵太守李齐物。李见他聪明伶俐，非等闲之辈，将他送到火门山邹夫子书馆读书。读书五年，也做了邹夫子五年的茶童。

后来，陆羽又遇到了崔国辅，他在崔府住了三年。他们一起品茶、论水、谈诗说文。

他的经历，培养了他对茶事的爱好。

安史之乱，24岁的陆羽随着逃难的大军辗转来到了太湖之滨，与皎然成了莫逆之交。皎然比陆羽大13岁。陆羽先是住在妙喜寺，后在苕溪边顾渚山结庐，专心研究茶事。他的《茶经》就是在那时候写成的。皎然有时去找他，经常会见不到，有诗为证："扣门无犬吠，欲去问西家。报道山中去，归来每日斜。"陆羽终日为茶事忙碌。32岁的他，因《茶经》的完成而名声大振。

因为皎然，陆羽在湖州认识了许多文人，如孟郊、张志和、李冶和后来的颜真卿。陆是757年到湖州，颜是772年到湖州，但是他们认识了。颜任湖州刺史后一年，聘陆羽参与编修《韵海镜源》。颜真卿经常邀请文人们在杼山聚会，从而有了三癸亭的佳话。

804年，陆羽在湖州逝世，友人们将他葬在杼山，与好友皎然相伴。

后人将陆羽尊为"茶圣"、"茶神"。他的《茶经》全面论述了茶的性状、功用、品味、产地、水质、采制、烹饮等，这是世界上第一部有关茶叶的专著。

飞英塔的传说

这是一座塔中塔，里面是石塔，外面包裹着一座木结构塔。里面的石塔建于唐中和四年（884年），乾宁元年（894年）建成，名舍利塔，据说塔下埋着佛祖释迦的一颗舍利子。后来传说有神光显现于塔顶，在北宋开宝年间（968~976年），在石塔外建了木塔以罩护。以佛家语"舍利飞轮，英光普现"中取"飞英"二字，更名为"飞英塔"，俗称"塔里塔"。塔在湖州城内，是湖州城的标志和骄傲，属全国重点文物保护单位。

20世纪初的一个夜晚，外塔突然无缘无故地发出轰然巨响，塔顶顷刻间崩析，瓦块、木头椽子山呼海啸般落下，一座好端端的外塔倾塌后只剩下半截，将内塔及塔身上精细雕刻的千佛像和卧佛暴露在光天化日之下。

我第一次去登塔时，外塔还没有修复，内塔在破砖烂瓦中无声无息地任风雨吹打。内塔高15米，系南宋真品。我在塔下的荒草中看见一只死去的白蝴蝶。它只有一朵茉莉花那样大，但给我的感触是那样深，这是一种历史的厚重和死的神秘对我灵魂的触动。

第二次去飞英塔，外塔已修建起来。眼前，一座油漆簇新的斗拱飞檐式的完整的塔屹立着，我一时还认不出它来。直至走进内塔，才相信这就是那座破败不堪的古塔。这座塔中塔的价值全在内塔中，外塔只起衣服的作用。湖州人并没好奇地在修复时将塔下的东西挖掘出来，不然，塔也就不成为塔了。

外塔高55米，7层8面。沿着外塔的楼梯一层层往上走，内塔渐渐在我们脚下，湖州城全景也渐渐在我们的视野里。举目望去，极远处是烟波万里的太湖，灰蒙蒙一片，分不清水与天的界线。

飞英塔

飞英塔内的石塔

陪我登塔的朋友告诉我一件修塔时的奇事：1985年，当地政府决定修复此塔，破塔外架起了脚手架。第一天清早，一个建筑工人登上脚手架顶层。突然，他一声惨叫，煞白着脸连滚带爬逃了下来。原来，他看见一条粗如水桶的大蛇盘曲在塔顶。马上封塔，马上在塔外罩起大网，请来杭州动物园的养蛇师傅捕蛇。但蛇却无影无踪了。没有洞可以钻，没有缝可以逃，它究竟到哪里去了呢？直至修好塔，都不再有它的身影。有的说它从塔前的银杏树下的树洞里逃到太湖里去了；有的说它是太湖里的龙，龙出现了，湖州又要出大人物了（历史上湖州出过许多大人物，大书法家颜真卿在这里当过刺史，诗僧皎然是湖州人，陆羽在辖内的苕溪旁著举世闻名的《茶经》，还有赵孟頫，等等）；有的说它是这座塔的保护神，塔要修了，它就腾云而去。

传说归传说，湖州人并不去深究它。古塔为什么会倒塌？蛇到哪里去了？就像人为什么要活着，生命的奥秘是什么？一个一个的困惑是一个一个的斯芬克斯谜，谁也解不透的。解不透何必要去解它，而解透了又能怎样？只要存在着和存在过就行。

南湖驶出了红船

1921年7月23日，中国共产党第一次代表大会在上海法租界望志路106号（现为兴业路76号）正式召开，出席大会的共13名代表，其中有毛泽东、董必武、李达、李汉俊、周佛海、陈公博等。这座灰色的石库门房是李汉俊的哥哥、同盟会元老李书诚的公馆。会议开了8天，准备闭幕。就在这天晚上（7月30日），正要举行闭幕式时，突然一个陌生男子闯了进来。当时，共产国际代表马林意料到事情不妙，立即宣布散会。代表们刚散去，这人就带着几个法国巡捕前来搜查，原来他是一个密探。

会议还没结束，在李公馆已不能再开，怎么办？李达的夫人王会悟提出了建议：去嘉兴开。嘉兴离上海很近，她是嘉兴乌镇人，曾在嘉兴女子师范读过书，对那里的地形很熟，嘉兴有个南湖，是很有名的旅游地，代表可作为游客去湖里坐船，不会引起别人注意。

第二天一大早，代表们在王会悟的带领下，从上海北站坐火车到嘉兴，先坐摆渡船到南湖的湖心岛，再由小拖船接上王会悟事先租好的游船。他们让船主将船停泊在离烟雨楼东南方向200米处的水域，王会悟坐在船头放哨。这条船长16米，宽3米，内有前舱、中舱、房舱和后舱，会议在中舱开。上午11点，会议正式开始。会议审议并通过了中国共产党第一个纲领和第一个决议，选举陈独秀、张国焘、李达三人组成中央局，陈独秀任中央局书记。下午6点多，会议胜利闭幕，宣布中国共产党正式成立。从此，中国革命翻开了崭新的一页。

就这样，浙江三大名湖（杭州西湖、绍兴东湖、嘉兴南湖）之一的嘉兴南湖与红色革命紧紧连在了一起。

南湖，古时称“陆渭池”、“彪湖”。它分东西两湖，形似鸳鸯交颈，又名“鸳鸯湖”。南湖地处太湖流域，这里气候湿润，常年烟雨蒙蒙，景色秀丽，从隋朝大运河开挖以来，交通便利，就成了旅游地。湖心岛的烟雨楼建于五代，到唐代时，这里已是画舫歌舞，文人雅士云集。宋代时，苏东坡曾三次到过南湖，写下“闻道南湖曲，芙蓉似锦帐。如何一夜雨，空见水茫茫”的诗句，将南湖空蒙的景色描述得淋漓尽致。乾隆是个好游的皇帝，自然不会落下南湖。他六次下江南，六次到嘉兴，六次登烟雨楼都写诗，现存的乾隆御碑上刻有他写的诗和手迹。

南湖春色

民间

许多文豪、书法家都曾在湖州居住过，他们的书画活动，带动了湖笔的繁荣。

湖笔生花

笔、墨、纸、砚，统称为“文房四宝”，是中国画和书法的必需工具。浙江湖州的毛笔、安徽徽州的徽墨、安徽宣州的宣纸和广东端州的端砚，是文房四宝中的上品。

几千年前，中国就已经有了毛笔，东周时期的竹木简就是用毛笔写的，在挖掘出的湖北曾侯乙墓中发现了春秋时期的毛笔。以后长沙马王堆、甘肃放马滩等处都出土了许多不同时期的毛笔。可见毛笔的历史源远流长。

毛笔是用各种不同的动物毛做成的，如兔、羊、马、狼等，有硬毫、软毫、兼毫之分。笔管大多用鸡毛竹、斑竹做，考究的也有用紫檀木、花梨木、象牙、玳瑁等制作。

湖州制毛笔的历史可追溯到两千多年前。相传秦大将蒙恬“用枯木为管，鹿毛为柱，羊毛为被”，在湖州善琏改良了毛笔。后来，又用兔羊毫制成“湖笔”。蒙恬将这一技术传授给了善琏人，因此这里家家都做起了笔，人人会制笔。蒙恬死后，善琏人为他建了“蒙公祠”，并将地名改为“蒙溪”。善琏成了毛笔之都。每年的农历三月十六和九月十六，善琏人都要举行纪念蒙恬的活动。

许多大文人、大书法家都曾在湖州做过官或居住过，如王羲之、王献之、颜真卿、米芾、苏东坡等，元代书法家赵孟頫就是湖州人。他们的书画活动，也带动了湖笔的繁荣。

湖笔用山羊毛、山兔毛、黄狼尾制作，做工精细，具有“尖齐圆健”的风格，有长、中、短锋，大、中、小楷，分羊毫、兼毫、紫毫、狼毫四大类。有柔和的、刚柔相济的，也有雄健有力的，各种类型、风格的画家、书法家，都能在这里找到自己需要的毛笔。

我曾经得到过一套“王一品”的毛笔，很精致的木头盒子里装了4支大小不一的羊毫笔，

制笔

"王一品"的毛笔盒

简直像艺术品，一直珍藏着，舍不得送人，也不敢用。近年开始学画中国画，终于派上了用场。湖州的"王一品"笔庄开办于1741年，据说一个进京赴考的考生用王姓人制作的毛笔而中了状元，因而名声大振。那姓王的笔工借机开了"王一品"笔庄，生产的笔为"天官牌"。这么早就有了广告和品牌意识，生意怎会不兴隆？

防风茶

防风茶，又名"烘豆茶"，在湖州、嘉兴水乡一带都能喝得到。防风茶由野芝麻、烘青豆、橙子皮、胡萝卜丁等冲泡而成。野芝麻又名紫苏子、香苏子，是一种中药，可清肺润肠；烘青豆是将新鲜青豆剥出，用盐水煮熟烘干而成；橙子皮剪成细丝晒干；胡萝卜切成丁晒干。几样东西冲泡在一起，咸香可口，风味独特，还可驱风去湿。

喝防风茶有讲究：头遍茶水二遍豆。就是说先喝完杯中的水，再将杯中的豆慢慢咀嚼。

防风茶已有4000多年历史，这跟防风氏有关。传说防风氏在下渚湖治水，百姓用烘青豆等做茶点慰劳他。防风氏不小心将豆子倒入了茶水中，没想到吃了后力大无穷，从此就有了防风茶。

从前，这一带的"打茶会"有八种演绎：正月新春茶、入屋茶、女儿茶、毛脚女婿茶、易家茶、亲家婆茶、新娘妇茶、婆姨姐妹茶。就是说，有各种理由喝防风茶。

下渚湖是个湿地湖，水不深却清。芦苇丛中的湖心岛上有一茅棚，是个茶室，在这里可以喝到防风茶。

长兴百叶龙

我曾在舞台上看见过舞百叶龙。开始是荷花灯、荷叶、蝴蝶翩翩起舞，像一湖盛开的荷花随风飘香。荷花忽聚忽散，突然像变魔术似的，千百瓣荷花叶片在瞬间连接成了一条粉色的龙腾空而起，而荷叶变成了云朵。龙飞舞着、翻滚着，云飘浮着，将舞台装点得灿烂无比，使所有的观众眼花缭乱。

这条龙出自长兴林城镇一带，至今已有160多年历史，它起源于光绪初年在民间流传的《花龙灯》。百叶龙曾在周恩来总理的推荐下参加过莫斯科“第六届世界青年大学生联欢节”演出，获得金奖；1957年获“第二届全国民间音乐舞蹈汇演”特等奖；2000年获“群星奖”舞蹈大赛金奖。它已列入我国首批《非物质文化遗产名录》，还参加了首都国庆六十周年联欢晚会。

关于百叶龙有一个传说：苕溪边一对农民夫妇生下一个四脚蛇形的怪胎，村民们说是妖怪，将其丢入荷花池。母亲去池里洗菜淘米时，小蛇就会游过来吃奶。一天，族长看见小蛇在吃奶，就用铁锹斩断了蛇尾。这时，天上乌云翻滚，小蛇想上天，因为没有了尾巴飞不上。一只蝴蝶飞来停在它的尾巴上，帮它飞上了天。四脚蛇上天后成了龙，天旱时，它常来为家乡洒甘露。后来，人们为了感谢它，做了一条百叶龙，以舞龙的方式纪念它。

“横戈百兽，推狮为首，千古华夏，唯龙独尊。”龙是中国文化中和谐美好的象征。

百叶龙

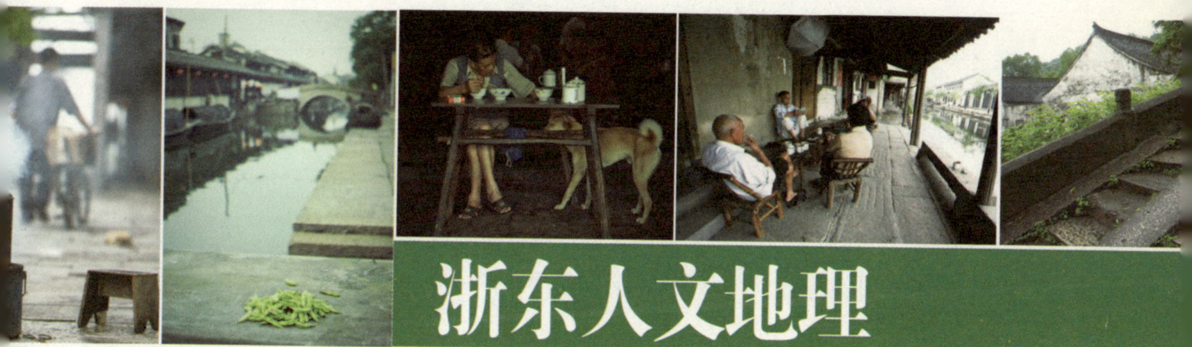

浙东人文地理

ZHEDONG RENWEN DILI

古代将金华、衢州、严州、绍兴、宁波、台州、温州、处州捆在一起，称为“浙东八府”。按现在的行政区划分，严州、处州已不存在，金华、衢州属浙中，温州属浙南，绍兴、宁波、台州为浙东。

浙东大多是平原，称为“宁绍平原”，只有台州是沿海丘陵。宁绍平原与杭嘉湖平原一样，水网交错，阡陌如绣。但又有不同，杭嘉湖是一马平川，这里有地有水还有山。

余姚河姆渡文化遗址和台州下汤文化遗址的发现，证明了在7000多年前，浙东这块土地上就有我们的先人在这里生活。想当年，这里是一个水泽之国，他们聪明地造起了干栏式的房子；4000多年前，洪水泛滥，大禹为治水两度到绍兴，治平了水土，最后驾崩于此；春秋时，勾践在这里卧薪尝胆，复国兴邦。浙东的历史源远流长。

绍兴，一座有2500多年历史的古城，越王勾践曾在此建都城。它更是一座独具特色的江南水城，城中桥

绍兴安昌古镇，曾是绍兴师爷的荟萃之地。

有4000多座，是威尼斯的5倍多。河中用脚划的乌篷船穿梭来往，可与威尼斯的贡多拉媲美；它更是一个没有围墙的博物馆，大禹陵、越王台、兰亭、贺知章秘监祠、沈园、青藤书屋、鲁迅故居、秋瑾故居、蔡元培故居、周恩来故居……举不胜举。

宁波有得天独厚的天然良港，在宋朝就与广州、泉州为三大港口重镇，鸦片战争后为中国“五大通商口岸”之一，现在的宁波港是上海国际航运枢纽的重要组成部分。因而宁波的经济发达，宁波人思想开放，也因此出现过许多大思想家，如东汉的王充、明代的王阳明、清初的黄宗羲。

台州在秦始皇时是一个乡，西汉时设立县，到三国时置临海郡，唐武德四年（621年）称“海州”，第二年改为台州，一直延续到现在。台州地区行政中心所在地原来在临海，20世纪80年代搬迁到港口城市椒江。台州与绍兴、宁波有许多的不同，它虽是一个靠近东海的丘陵地带，但因为有大山的阻隔，相对闭塞，因而民风更淳朴。

鲁迅在《为了忘却的纪念》一文中，称柔石有“台州式的硬气”，“而且颇有点迂”，让他想到方孝孺。方孝孺和柔石都是宁海人，宁海现

水道边的茶艺馆，临湖品茗，别有一番惬意。

在属宁波。鲁迅在写这些话时，是用赞美的口吻的。其实，鲁迅自己也何尝没有“台州式的硬气”？

浙东这块土地真是神奇，出了那么多大思想家、革命家、文学家，他们都有一个共同的特点——“台州式的硬气”，特重气节，可以为信仰献身。“竹林七贤”的领袖人物嵇康“上不臣天子，下不事诸侯”，一曲绝世《广陵散》，成就了建安风骨与魏晋风度；方孝孺因“士为知己者死”一句话，宁愿被灭十族；清兵入侵，朱舜水、黄宗羲、张苍水等浙东子弟奋力反抗；黄宗羲的弟子刘宗周为保气节，绝食而死；张苍水一生抗清，被捕后，不受高官厚禄的引诱，从容面对死亡；辛亥革命的勇士秋瑾、徐锡麟杀身成仁；革命左联五烈士中的柔石、殷夫，为共产主义理想献出了自己年轻的生命；马寅初会在国民党的电台里大骂国民党，如按照他的《人口论》去做，解放初的四亿五千万就不会发展到现在的近十四亿人。

我的朋友王旭烽在她的《张苍水》一文中说：“从前有一种错误的认识，以为北人强悍，南人孱弱；北人憨厚，南人机敏；北人忠诚，南人灵活；北人可靠，南人善变。这是偏见。”我非常同意她的看法，有“台州式的硬气”的浙东人为证。

风景

一片好风景，一经与文人结合，便能成为名胜。

纪念馆和博物馆

爱之沈园

有一次去绍兴，是我和朋友袁敏、冯洁一起陪德国的一个小伙子去的。小伙子叫尤根，高个子，说一口夹生中文。他有一个中国女朋友，北京人。那天参观完百草园后，我们在后院的茶室里喝茶，说到了沈园。我们跟尤根说，那里有一个非常浪漫的美丽爱情故事，让他一个人去看看。他不知道陆游，更不知道唐琬，他说："我一个人不去！""你一个人去才浪漫呢，我们一起去就没意思了！"我们跟他开玩笑。他以为是一般意义上的浪漫故事，认真地对我们说："我要问过我女朋友，我不浪漫，我有一个女朋友就够了。"外国人也有对爱情很坚贞的，尤根就是。

800多年前的诗人陆

沈园假山池景

游也是一个对爱情非常坚贞的人。陆游（1125~1210年），号放翁，越州山阴（今绍兴）人，南宋爱国诗人，写有诗歌上万首，是我国古代留下诗歌最多的人。20岁时，他与表妹唐琬成婚。婚后，两人相亲相爱。但是，陆游的母亲怕两人过于恩爱会耽误儿子的学业和前程，硬要他们离婚。陆游迫于母命，只得与唐琬分离。离婚后，唐琬改嫁赵士程，陆游另娶了王氏。

《钗头凤》石壁

1151年春天，离婚7年后的陆游和唐琬在沈园邂逅。沈园，当时为越中名园，园内亭台楼阁、小桥流水，假山绿阴。两人相见，分外怅然。唐琬强忍悲痛，以酒食招待陆游。相见时难别也难，离别时，陆游终于控制不住自己的感情，提笔在壁上写下那首千古绝唱《钗头凤》：“红酥手，黄縢酒，满园春色宫墙柳。东风恶，欢情薄，一怀愁绪，几年离索。错错错，春如旧，人空瘦。泪痕红浥鲛绡透。桃花落，闲池阁。山盟虽在，锦书难托。莫莫莫。”“错错错”、“莫莫莫”，六个字将陆游内心对唐琬的眷恋和内疚表达得淋漓尽致。唐琬肝肠寸断，回去后和了一首：“世情薄，人情恶，雨送黄昏花易落。晓风干，泪痕残，欲笺心事，独语斜栏。难难难。人成各，今非昨，病魂常似千秋索。角声寒，夜阑珊，怕人寻问，咽泪妆欢。瞒瞒瞒。”满腔的思念、怨恨，夜深人静时想念一个人还得瞒着丈夫的艰难，一个痴情女子受尽心灵折磨的痛苦，让读这首诗词的人也承载不了。不久，唐琬悒郁而死。

诗境石

唐琬的死，成了陆游心头永远的痛。沈园，成了他思念唐琬之地。他多

沈园门额“沈氏园”三字，乃郭沫若所题。

次来沈园，68岁来时，又赋诗一首：“梦断香消四十年，沈园柳老不吹绵。此身行作稽山土，犹吊遗踪一泫然。”在诗题上写：“禹迹寺南有沈氏小园，四十年前，尝题小阕于石，读之怅然。”84岁时，他与唐琬已分离60多年，但他仍念念不忘：“沈家园里花如锦，半是当年识放翁。也信美人终作土，不堪幽梦太匆匆。”写了这首诗后的第二年，陆游去世，终年85岁。有关唐琬的诗，他写了十多首。陆游一生有两大遗憾：一是与唐琬的爱情悲剧，二是“但悲不见九州同”。

1985年，修建了沈园。1987、1994年又进行了扩建，占地18.5亩，分为古迹区、南苑、东苑、北苑、陆游纪念馆等。园内的古井、水池都是原物，又新建了如冷翠亭、双桂堂、放翁桥等仿宋建筑，并重修陆游题诗的断壁，镌上《钗头凤》。

小巷深处的青藤书屋

小时候常听大人们讲徐文长的故事，记得有一个故事是讲徐文长买桃子的事：徐文长在一个桃子摊上买了几个桃子，卖主趁徐文长不注意，换了几个烂桃子给他。徐文长发现后，要卖主换好的，卖主不肯，还抵赖说是徐文长讹诈。徐文长气坏了，说既然你不仁我就不义。他站在桃子摊前，见有人来买桃子，就说这桃子不好，见一人说一人，见十人说十人。一天又一天，他连续好几天都站在桃子摊前，致使桃子一个也卖不出去，急得卖主再三讨饶才罢休。徐文长在我的印象中是和济公差不多的人，狷介耿直、不修边幅、狂傲不羁、爱打抱不平，还有点装疯卖傻。多少年以后，我才知道，徐

阳光洒向青藤书屋

书屋后面的小天井

文长是个大画家、文学家，有关他的故事都是人们编出来的。

徐文长，名徐渭（1521~1593年），号天池山人，别号青藤，绍兴人。他是中国绘画史上的奇才，是写意画派的创始人。但是，这样一位旷世奇才，却一生不得志。徐文长尽管博览群书，学识渊博，但由于狂傲，不屑于八股文章，参加了八次乡试，屡试屡败，也没有考中举人。直到37岁时，浙江巡抚胡宗宪因其才名，将他招入幕府做文书，相当于一名师爷。

后来，胡宗宪因受严嵩案牵连被捕。精神一直不畅的徐文长因担心牵连受迫害，对人生彻底失望，终于发狂。他用斧头砍自己的头盖骨，未死；他将三寸铁钉戳入耳朵内，血流不止，几个月后又痊愈。他又用锤子击自己的睾丸，也没死。他反复自杀了9次，都没死成。46岁时，徐文长又一次狂病发作，怀疑继妻张氏不贞，而将其杀死，因而判刑7年。53岁时逢万历皇帝即位大赦天下而释放。他狂病长发，穷困潦倒，老来靠卖画维持生计，一直活到72岁。这让我想到凡高，凡高以割自己的耳朵自残，最后疯狂。都说天才和疯子有时只差一步，就像在钢丝上走，掉到这边是天才，掉到那边是疯子。

徐文长死后，他的故居被保留了下来，现在称“青藤书屋”。书屋在绍兴市区的前观巷大乘弄10号。前观巷是一条窄窄的小巷，巷里有馄饨店、书店、杂货店，满溢着绍兴的气息。高低不平的石板路，不时有人擦肩而过。走到巷中间，有一条更窄的弄，两边是高墙，在一扇不起眼的小门旁，嵌着“青藤书屋”四个古朴的字，这就是大画家徐渭生活过的地方。

“几间东倒西歪屋，一个南腔北调人”，这是徐文长活着时的写照，东倒西歪的屋里，一个不合时宜的人。现在的书屋是经过修整的。三间平房，木格花窗，坐北朝南，正中挂着徐文长的画像和明末清初画家陈洪绶写的“青藤书屋”匾。南窗下有徐文长自书的“一尘不倒”横匾，这四个字真正道出了徐文长的为人准则。徐文长的嫉恶如仇为世人所弃，他对俗世的清醒给他带来了强烈的痛苦，因而他发狂他自残，他要将这痛苦彻底宣泄，他将这痛苦宣泄在画中字中文中，还不能达到内心的平衡，这样的人生是多么孤独痛苦啊！但也因有如此清醒的痛苦，才有了他伟大的艺术。古今中外的伟大艺术家无不如此。艺术有时候也实在太残酷了。

书屋外有个小天井，斑驳的墙上爬着青藤，徐文长曾有诗“半生落魄已成翁，独立书斋啸晚风。笔底明珠无处卖，闲抛闲掷野藤中”，大概就是写窗外的那棵古藤。他感慨自己人生的落泊，他如此出色的绘画和书法竟然无人买，无人识，那就将它抛入野藤中。那些俗人啊，真是有眼无珠。多少年后的今天，徐文长的画成了稀世珍宝，但在拍卖行里买下的人中，许多仍然是俗人。历史太会嘲讽人了。

天一阁

天一阁是我国现存的最古老的藏书楼之一，也是世界最早的三大私人藏书楼之一。

天一阁在宁波市区的月湖西，占地2.6万平方米，建于明嘉靖四十年（1561年）。主人范钦，号东明，字尧卿，27岁时考取进士，在陕西、河南、广东、广西、云南、江西等地做过官，一直升到兵部侍郎。他喜欢各种书籍，每到一地，都要收集当地的各种公私刻本。退隐回家乡宁波，他将一生收集到的几万册善本运了回来。

买书容易藏书难，如何收藏这些书，实在是让范钦头痛的事。范钦的好友丰坊，是个书法家，也是个藏书家，他曾变卖了千亩良田，购买了许多书籍和字帖。但他因为没有好好保

宁波历来为中华藏书文化的重地，历经400多年的天一阁是宁波藏书文化的典范。

管，到晚年时，大部分被人拿走，一部分毁于火灾，剩下的就只得送给范钦。因友人的前车之鉴，范钦决定建一个藏书楼。书最怕火，因而取《易经》中“天一生水”之意，以水克火，取名“天一阁”。藏书楼进深各六间，应“天一地六”之说；前后有廊檐，东西两侧有封火墙；楼前有一“天一池”，蓄水可救火。1566年，藏书楼建成，范钦将他心爱的书籍全部搬进。他还订立了《藏书楼禁约》，将子孙们召集到身前，亲自逐条宣读。《禁约》有许多的不许：烟酒不能带入，子孙不得无故进楼，书籍不得借给外房人和外姓人。最后一条是：书由子孙共同管理，钥匙分房掌管，任何人不得擅自打开。为了这些书，范钦可说是用心良苦。

但是，如何将这些书世世代代留传下去，又是一个难上加难的事。83岁那年，范钦知道自己不久于人世，他把大儿子范大冲和二儿媳（二儿子已死）叫到身前，说：“我将遗产分为两份，一份是白银万两，一份是藏书，你们自己挑选。”范大冲毫不犹豫地挑了藏书。这是一份多么重大的责任啊，它会让范大冲的子子孙孙永远背上这个沉重的负担。但是，范大冲无怨无悔，他对父亲保证：“代不分书，书不出阁。”范钦终于放心地离去。

就这样，范钦的子孙们为了这几万册藏书，开始像接力赛一样代代传承。清康熙四年（1665年），藏书楼传到了范钦重孙范文光手里，他在池边垒起假山，筑亭架桥，栽花植树，建成一个园林式的藏书楼。范钦的子孙们对藏书的管理是竭尽全力

平和堂

范钦像

的。按范钦的禁令，许多的后人和亲戚从来都无缘进楼看书、借书。嘉庆年间，宁波知府的内侄女钱绣芸，是个酷爱书籍的女子，为了能上天一阁看书而嫁进了范府。但是，按照族规，媳妇不能进藏书楼。钱绣芸最终见不到天一阁里的藏书，郁郁而死。

但是，书是要给人看的，不然，藏书也就没有了意义。1673年，余姚人大学者黄宗羲请求进天一阁，范家上下一致同意了黄宗羲的请求。黄宗羲进楼后，写下《天一阁藏书记》。从此，范氏后人订了一条新规矩：可以向大学者开放。这不能不说是范家子孙对先祖范钦订立的禁约的推陈出新。清乾隆三十七年（1772年），朝廷诏修《四库全书》，范钦的八世孙范懋柱进呈了638种藏书。乾隆命按天一阁的模样造了七个书楼，收藏《四库全书》，西湖边的文澜阁就是其中之一。天一阁因而名扬天下。

鲁迅纪念馆

“绍兴——中国第一名人鲁迅故里”，在杭甬高速绍兴段悬挂着这样一块广告牌。是的，鲁迅的确可算作“中国第一名人”。凡是中国人，只要上过学的，都会知道有鲁迅这个人，从小学到中学、大学的教科书中，都有鲁迅的文章。鲁迅一生致力于批判国民的劣根性，他的文章像尖刀一样直刺人的灵魂。鲁迅曾经在很长一段时间里被视

为“圣人”，后来，又有人恶意地抨击批判他，以此来染红自己的学术顶子。但是，鲁迅永远是鲁迅，是一个有血有肉与黑暗斗争的勇敢斗士。

1881年9月25日，一个被取名周树人的男孩在绍兴都昌坊口周家新台门出生。这是一个五进的深宅大院，清嘉庆年间建造。男孩在这里度过了他的童年和少年时代，一直到18岁去南京求学。三十几岁时，他以鲁迅作笔名，从此响彻中国文坛。

鲁迅的祖父周福清进士出身，在京候补，从七品文官。父亲周凤仪，因屡次乡试不中，性格孤僻冷漠，平日不苟言笑。母亲鲁瑞，会看书识字。鲁迅一直非常孝顺母亲，甚至连婚姻大事也由她作主，他的第一个夫人朱安，就是由母亲包办的，鲁迅称是“母亲送的礼物”。

鲁迅小时候也是个顽皮爱玩的孩子，他喜欢听长妈妈讲长毛的故事，喜欢《山海经》里一脚的牛、三脚的鸟、九头的蛇；他喜欢进老屋后面的园子里去采桑葚、挖何首乌；翻开矮泥墙的断砖，那是一个童话的世界：有油蛉在低唱，有蟋蟀在弹琴，有会放屁的斑蝥；覆盆子果又酸又甜，木莲有莲房一般的果实……童年有那么多美好的记忆，鲁迅都将它写在了《朝花夕拾》里。

鲁迅纪念馆

老台门德寿堂

12岁那年，鲁迅进了绍兴有名的私塾——三味书屋，他在这里一直学到17岁。私塾与鲁迅家隔河相望，是三开间的小花厅，先生寿镜吾是个秀才。私塾里教的是《四书五经》，孩子们不感兴趣，就自己想着法子乐：读书时，不念正经的内容，却扯开嗓子念“笑人缺齿曰狗窦大开”；先生还在那里摇头晃脑读“铁如意，指挥倜傥”时，孩子们已经在用纸糊的盔甲套在手指上演戏了，或者干脆跑出去摘梅花了。当然，鲁迅也是个用功的学生，在书房的东北角，有一张木桌是鲁迅曾经坐过的，上面刻着一个“早”字，是因一次迟到挨了先生批评而刻的。

鲁迅13岁时，家里发生了大变故，祖父因在浙江乡试时，为几个亲友“通关节”，被光绪亲笔判“斩监候”，不知在哪一个秋后要斩首。鲁迅一家逃到乡下皇甫庄大舅父家避难。从前，鲁迅去安桥头外婆家时，大人孩子们都待他如贵客，带着他到处玩，白天掘蚯蚓钓虾，晚上坐船去看社戏，其乐无穷。这一次却不同了，他们被视为“乞食者”，亲戚中有的对他们很冷淡。小小的年纪尝到了人间的白眼，鲁迅幼小的心灵里留下了深深的印记。

为了赎祖父出狱，家里花了许多钱去疏通，而父亲这时又病倒，真是雪上加霜，只好变卖东西为父亲治病。鲁迅14岁时，就常去当铺典当物品。从此，周家彻底败落。

鲁迅16岁时，父亲去世。鲁迅后来感慨地说：“有谁从小康人家而坠入困顿的么，我以为在这个途中，大概可以看见世人的真面目。”

18岁时，鲁迅怀揣母亲为他好不容易筹措来的8元钱，告别绍兴去南京求学。从此，开始了他艰难而辉煌的人生。

鲁迅纪念馆包括鲁迅故居、三味书屋、百草园和纪念馆，这是他出生、读书、玩耍、成长的地方，是他人生的始发站。

蒋介石故乡——奉化

奉化溪口，是蒋介石的老家，这是一个山明水秀的千年古镇。民国时期，特别是蒋介石三次下野期间，溪口成了国民党的指挥中心。只要蒋介石在故乡出现，溪口镇就车水马龙，戒备森严。1949年，蒋介石逃离大陆前，回溪口祭祖告别。他的侍卫队中就有我的小伯，这是许多年后，小伯从台湾回来寻亲，我们才知道的。蒋介石那时候的心情一定很沮丧，自己还有可能再回到家乡来吗？他的祖宅和祖墓会被毁了吗？

1949年5月24日，中国人民解放军解放了溪口。毛泽东指示："不要破坏蒋介石的住宅、祠堂及其他建筑物。"1959年，章士钊写信给他台湾的友人说："奉化之庐墓依然，溪口之花草无恙。"蒋介石母亲和他的原配夫人毛氏的墓以及祖宅丰镐房都完好地保存着。

溪口镇在"四明第一山"的雪窦山下，有剡溪从镇前流过，可以乘竹筏，泛舟溪上，从原来的东大门武岭下。武岭上有文昌阁，飞檐翘瓴，绿树掩映。文昌阁原是座小庙，建于清雍正年间。北伐那年，蒋介石回溪口时，翻修拆建为如今的楼阁，成了他的私人别墅和藏书楼。每次回溪口，因丰镐房里住着他的原配夫人毛氏，他就和宋美龄在这里歇脚。1936年西安事变后，张学良曾被押送到溪口文昌阁。1939年12月12日，日本飞机轰炸溪口，文昌阁被炸毁。1987年，政府拨款重建。

丰镐房是蒋介石的祖宅，也是蒋经国出生的地方。"丰镐"之名，取自周文王和

文昌阁

丰镐房

周武王的两座都城丰邑和镐京，各取第一字而成。丰镐房坐落在半边街上，是座旧式世家的府第，楼轩相接，廊庑回环。紧挨西厢房那幢独立式小楼，是蒋家仅存的祖屋，其他的则是北伐后蒋介石任国民党政府主席时建造的。这些新屋都比老屋矮，据说是蒋介石为了尊重祖宗，保留风水。

蒋母的墓在溪口镇西的白岩山上的松林里，山下有石牌坊"蒋母墓道"。蒋介石的母亲王采玉生于1864年，死于1921年。墓碑上"蒋母之墓"四个字是孙中山亲笔题的。据说，蒋母墓的风水很好，白岩山形如弥勒佛，墓地正好在弥勒佛的肚脐眼上，而奉化正是弥勒佛的道场。我那年去拜谒蒋母墓时，见到一老人在守着，他自愿守了这墓几十年。

古文明的发源地——河姆渡

河姆渡，一个多么有诗意的地名。本来，它将永远默默无闻地存在于余姚的姚江边上。1973年的夏天，一个农民无意中一锄头挖向土地，像一把金钥匙打开了阿里巴巴的大门，7000年前的灿烂文明从此展现在世人面前。河姆渡是我国最早的新石器时代的遗址之一，一直以来，人们都认为中华文明的发源地是黄河流域，而把中国最长的长江忽略了。河姆渡遗址的发现，证明了长江和黄河一样，都是中华文明的摇篮。

7000年前，我们江南的先民从山洞里走了出来，脱离了茹毛饮血的生存方式，来到江边，开始耕种、养殖、制陶、造木头房子，过起农耕的生活，向文明跨前了一大步。

河姆渡遗址有40000多平方米，堆积厚度有4米左右，上下有四个文化层：第一文化层距今5500~5000年；第二层距今6000~5500年；第三层距今6500~6000年；第四层距今7000~6500年。在第三、第四层中，保存了大量的动植物遗骸、骨器、陶器、玉器等各种生产工具、生活用品。人工培育的稻谷、农具耜、各种陶制品和干栏式建筑构件，是河姆渡文化的四个标志。

河姆渡黑陶罐

河姆渡遗址经过几次挖掘，1987年出土了近150吨水稻壳，还有大量的米粒堆积和稻秆、稻草等。经专家分析，这些稻谷都是人工培育的。另外还发现了菱角、桃子、葫芦、薏米仁等植物遗存。真想不到，我们祖先的食物在7000年前就已经那么丰富了。

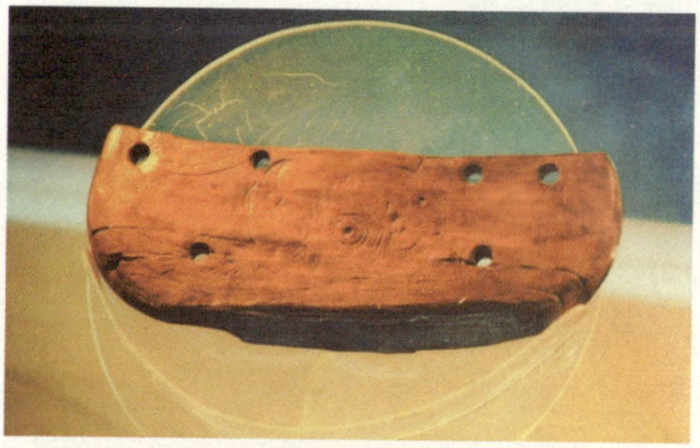

凤鸟

河姆渡的耜，是农耕最主要的工具，出土的有170件骨耜，还有木耜。这说明先民已脱离了火耕时代。

河姆渡最有特点的是干栏式建筑，像少数民族的吊脚楼。北方干燥，先民们大多住的是半地穴的房屋；江南水多潮湿，先民们发明了这种用木头做桩将房屋架起来的干栏式建筑，上面住人，下面可养畜。

干栏式建筑

考古学家们发现，在钱塘江以南的沿海地区和舟山群岛，有47处河姆渡文化类型的遗址，而姚江平原最集中，有25处。

残山剩水也成景

在绍兴境内有许多景点，如东湖、吼山、柯岩等，千百年前都是采石场。全国名山大川无数，都是造物主的杰作，只有绍兴这些山水风景，却是在有意和无意之间人工而为，在全国可说是独一无二。明代的画家、文学家张岱在游了吼山后，写有诗句“谁云鬼刻神镂，竟是残山剩水”，道尽了这些风景的本质。一说开山采石，就会想到那拦腰斩断开膛破肚满目疮痍惨不忍睹的“残山”景象，但绍兴的“残山”不残，“废墟”不废，而是鬼刻神镂如画的名山胜水。

东湖

到绍兴玩，你是一定要去东湖的，因为东湖是浙江省的三大名湖之一（另有杭州西湖、嘉兴南湖）。到东湖玩，你是一定要坐乌篷船的，因为不坐，你就游玩不了。乌篷船是绍兴独有的水上交通工具，因船篷漆成黑色而得名。乌篷船的历史已很悠久，800年前的绍兴诗人陆游就曾描述“轻舟八尺，低篷三扇”。这篷用篾编，覆以油毛毡，分三扇，不用时可一扇扇掀开。船身很小很低，人只能躺着或弯腰坐着。船后的艄公头戴乌毡帽，用脚划着桨，空出来的手还可不时地捧起一碗黄酒啜一口，悠闲自在。

东湖很小，小得像一个盆景，但可称“天下第一山水大盆景”。

东湖在绍兴城东3公里的箬篑山麓，这里原来是一座青石山，秦始皇东巡到会稽时，曾在这里停驾，用山上的箬叶喂马，所以就有了“箬篑山”之名。从汉代开始，就有人在此开山凿石，用作造房子、铺路等。到了隋代，越国公杨素为了修建越城，便大量采石。凿着凿着，竟搬走了半座青石山，并形成了50多米高的悬崖峭壁。上面的石头采得差不多了，就往地下采，一直到20多米的深处，青石山被凿成了有深谷有洞壑有悬崖的湖泊，湖长200米，宽80米。清末绍兴人陶浚宣将采石场筑起围墙，拓宽水面，造了亭台石桥，一个很像样的东湖风景区便形成了。绍兴的先人真的很有艺术细胞，他们采了石，也留下了风景。

东湖很小，小得像一个盆景，但可称“天下第一山水大盆景”。坐在乌篷船里游，会觉得自己也缩小成了小人国的人。湖中有好几个凿山留下的洞壑，其中的陶公洞，一石壁挡住，上刻郭沫若的四言诗，有“勿谓湖小，天在其中”句。入口处只能容一只乌篷船通行，还得掀去篷盖。进洞后却是别有一番天地，抬头仰望，四周是五六十米高的陡峭山壁，阳光从头顶的洞口射入，仿佛身处深井底，浑身的热汗不擦自消。仙桃洞，在两个石岩之间，有一堵尺把厚的石壁，石壁中间凿一门，两旁刻“洞五百尺不见底，桃三千年一开花”门联。顶上写“仙桃洞”三个大字。喇叭洞，此洞下大上小，形似喇叭，你在洞内大声喊，声音会经久在洞内回荡。游着游着，你会忘却了东湖的小，只觉得如此巧夺天工的景致哪会出自人的手，你会被那鬼斧神工迷醉。

弃船上岸，岸上又是别有一番风景，亭台楼阁、小桥石堤、奇石异洞、杨柳轻风。东湖状如一弯明月，秦桥和霞川桥横亘于湖上，像“月”字的两横。

在东湖，有一个陶社。这陶社是纪念辛亥革命“鉴湖三侠”（秋瑾、徐锡麟、陶成章）中的陶成章的。陶成章因参加辛亥革命，于1912年在上海遇害，年仅35岁。秋瑾与徐锡麟是在1907年就义，他们三人都是绍兴人，死时，都只有三十出头。在陶社，有一块孙中山亲笔写的“气壮河山”横匾，这是1916年为了纪念三烈士，他亲自来到绍兴题写的。

吼山

去吼山，可以坐船，也可坐车去。吼山在绍兴城东南30里处，孤零零地崛起在宁绍平原上。吼山，又名犬山，亦名犬亭山、狗山。绍兴音“狗”与“吼”相同，大概嫌“狗”字难看，用“吼”字代替。这么多名字，都是与狗有关。《越绝书》记载，2400年前，越王勾践为了要雪耻，在此山上养猎犬用以捕获南山的白鹿，去献给吴王夫差，讨好麻痹他。但最后白鹿没捕到，山名倒留下了。

这里也是南宋诗人陆游的家乡。60多岁时，陆游回到了故乡三山村，到85岁去世，在此呆了整整22年。除了进京修史一年，大部分时间都在这里游历山水，访亲问友，躬耕写作，过着贫穷但宁静的农村生活。陆游是一定到过吼山的，历代有许多名人都到过吼山，如明代的文学家张岱，大画家徐文长、郑板桥，文人袁宏道，以及蔡元培、鲁迅等，都来过这里，并留下了诗文。

吼山风景也是由采石而成，山上山下遍布形态各异的奇石，浑如天然。在山上，有两块硕大的奇石，各自被一根石柱赫然顶起，高悬在半空。一块石柱为四方，上粗下细，高数十丈，顶部的大石块似戴着的帽子，远看也像一大火炬，在岁月中燃烧，名“云石”。另一块叫“棋盘石”，也是由一根石柱举着，有五分之四的体积悬在外面，一边还高高翘起。石上草长树茂，山风吹来，枝叶摇曳，犹如巨石在晃动，随时会砸下来似的。

吼山景区不大，但山上景点密集，有棋盘石、象鼻岩、试剑石、一洞天、剩水荡等60多处。山有山景，石有危岩绝壁，洞有青嶂环拱，水有飞瀑碧潭，所有名山大川具有的品质吼山都有。坐乌篷船从门口放生池穿越武陵源，可领略泛舟江湖的惬意和放松。临水有水榭掩映，半山有山亭翼然，山顶有千年古刹。最富天趣的是后山的烟萝洞，入口处凭借一道石门随意一拦，便

吼山云石雪景

拦出一片俗尘不到的小桃源。洞内屋舍美池，小桥流水，四周山高林密，偶尔有三两声鹧鸪啼鸣，应和着涧水滴落在空谷里的回响，清远幽静。剩水荡直插水中的石壁上，有明张岱的摩崖石刻："谁云鬼刻神镂，竟是残山剩水。"荡深十几米，水清冽，荡壁有飞瀑凌空而下，荡中一石笋矗立。在吼山门口有一名"试剑石"的地方，据说春秋时著名的铸剑人欧冶子，听说勾践要献鹿给吴王，就将铸好的五把宝剑中最后一把"巨阙"剑献给勾践，此剑能风吹断发，削石如泥。勾践得了此剑，大喜，一试锋芒，举剑劈向巨石，巨石轰然裂成两半。这就是试剑石的来历。

柯岩

雇一只乌篷船，在桨声咿呀中驶入鲁迅和周作人的故乡。水柔柔地向前铺展，两岸紫云英和油菜花正旺，躺在乌篷船里看天上的云和水中的云，周身漫漶着古典的情韵。船尾，艄公用脚和手同时和谐地划着桨，紫铜色的皮肤在阳光里泛出金属的光泽。

在虹形的小石桥边下了船，埠头是青石板铺成的石阶，石阶缝里开着不知名的蓝色小花，像镶着花边。石阶延伸着一条石板小路，沿着小路往前走，走到柯岩村的尽头处，扑入眼帘的是一个石头的世界：石的屋、石的云、石的佛，还有深不见底的石的坑。在一大片紫云英地里，有两块巨石直耸云霄。一块巨石上刻有“云骨”二字，有几十米高，像一朵巨大的蘑菇云，顶上有苍翠古柏。我曾为它写过一首诗《云骨石》，“定格了的蘑菇云/在裂变中新生/你是如何经受住烈焰的焚烤/任沙漠来的风摔打甚至蹂躏/在无处逃遁的斧凿下/你形容枯槁却亭亭玉立/雨后天晴落花流水/你让时间也变成了石头”（节选）。在云骨石的附近，另一块巨石如一个大佛坐在佛龛里，据说是唐代的僧人依石而凿出来的。还有许多块形状不一的假山一样的石头散立在田野里，我们惊奇于为何在这小村庄有如此奇异的石头，它们是怎么形成的？远处的山上，传来“隆隆”的石炮声；近处，深坑里有叮当的凿石声。我小心翼翼地攀着石坑边的树枝往下看，爬满青苔的石壁往下延伸着，看不见终点，那是一个黑洞似的不可知的世界。石坑边，一个石匠正在凿一块青石墓碑，是一个死去的19岁的女孩的。

原来，这些石头都是开山凿石留下的。

这就是还没有修复之前的柯岩，其实，在清代，这里已经是一风景地，有“柯岩八景”之说。山上有文昌阁，山脚有普照寺。民国时的教育部秘书长、上海光华大学教授蒋维乔在1929年11月游柯岩时，看到的那个大佛和云骨石是“寺后有山岩如圆柱，平地拔起。就石势凿大佛，高可五丈余，庄严为金身，上建大雄宝殿。殿左有屋三楹，颇整洁。其前空园，有石骨削立，甚为奇特。下窄上阔，高出寺之正殿，上镌‘云骨’二大字”。这里原来有一个寺院，名“石佛寺”。历经沧海桑田，今已物是人非。

柯岩以岩景闻名，在绍兴城西12公里处的柯山脚下，由人工采石后形成。柯山，相传是蔡邕经过会稽高迁亭，见亭子上的第十六柯竹椽可以作笛，会发出好听的声音，由此得名柯山。1800多年前的汉代，这里就开始采石。这里还有七星岩、蚕花洞、观音岩等，都是人工凿成。采石工开山凿石时，先预定计划，哪些可采，哪些应留，在岩壁上画好尺寸，如庭园中布置假山，岩壑峰峦洞窟，全随人意。绍兴人开山采石很有艺术性，采完石便留下了景致，绍兴的东湖、吼山也都是采石留下的。

我第二次去柯岩时，柯岩已全面修建成一个焕然一新的风景区，让人目不暇接，真有化腐朽为神奇的味道。大佛石和云骨石下筑了水池，两块巨石倒映在水中，别有一番景致。但我还是喜欢没有修复前的柯岩，那个沧桑的柯岩。

五泄

写下这个题目，自己看看都有一种光秃秃的感觉。五泄，是诸暨境内有名的瀑布，因一瀑五级而成名。它本来是隐在树丛中的，贴在石壁上的，而我将它剥离了出来，删去了它所有的陪衬和依托，只留下一道白花花的水，一折一弯地跳下来。它赤裸

五泄银杏林

石磴

五泄流瀑

着身子在宇宙空蒙中滚着，翻着，跳着，飞着，冲着；它的肌肤在阳光下闪耀着银白的光质；它尽情地呐喊，声如洪钟，声如雷鸣；它忘乎所以地宣泄着生命的激情，破壁而出，破纸而出。

“五泄名山青口锁，到此看山山便可”，进五泄，从青口穿越五泄湖，湖弯弯曲曲，长2公里。舍舟登岸，缘溪来到五泄禅寺，此寺又称“永安禅寺”，是唐元和三年（808年）由五台山灵默禅师所建。里面有明末清初画家陈洪绶书写的“三摩地”石刻门额，寺左的石壁上有明代画家徐文长的“七十二峰深处”题词。

在寺前，便听见谷中瀑声轰鸣，震山撼谷，四周林深竹茂。过碇步桥，扑面一阵水烟，抬头看，白花花的瀑布高悬眼前，这是第五泄，名“蛟龙出海”。一股巨大的飞湍从四五十米高的悬崖豁口处凌空蹿出，跳入深潭，搅得谷中气流飓风般呼呼旋转，奔雷惊涛，摄人心魄。这是瀑布流经前几折后的最后一折，就像人的生命中最后的辉煌。

四泄，名“烈马奔腾”。四泄在五泄顶上，两山间有一条石缝，呈“之”字形，陡峭、深邃、狭长，当活蹦乱跳的泉水一头扎进缝里，自由的天性受到束缚，便来回奔突、挣扎、咆哮，似烈马奔腾，好不容易杀出条血路，迎面一个急转弯，又碰得头破血流。听水石相撞，嗷嗷然、啕啕然、愤愤然，明王思任形容它“声怒、势怒、色怒”，此处有观瀑亭“三怒亭”。

三泄，名“珠帘风动”。三泄与前两泄迥然不同，占地开阔，气势恢宏，泄身像座水库大坝样的大石滚坡，故水流不同于通常瀑布从泄口直落泄底，而是沿着坑坑洼洼、起起伏伏的坡面散落成大大小小、弯弯曲曲的无数湍流，翻滚跳跃，跌崖飞溅。四泄听其声，三泄看其形。

二泄，名“双龙争壑”。瀑布落差不高，仅7米，但被一块石头分成两半，分流如双龙。古人有诗称其“两龙争壑不知应，一石横空不渡人”。两龙从深潭中回旋而出，来到平阔的泄口，似一群天真烂漫的孩子，挤挨着探出脑袋，然后一起勇敢地跳了下去。

一泄，名“月笼轻纱”。这只能算是襁褓中的瀑布，刚从大山的腹腔里流出，澄澈清亮。瀑布中间有一水潭，宛如孩童的眸子。

这是从下往上走看到的五泄，也可从西源登山巅刘龙坪，由上往下走着看。刘龙坪和五泄有一传说：很久以前，山上有一刘姓人家。一日，儿子刘龙捡到了一颗龙珠，吞进肚里，遂变成了一条龙。龙必须去大海，母亲万分伤心。刘龙安慰母亲说，每年谷雨前后会来看望她。说完，就跃入山中的瀑布向大海游去。他游一段路便回头望山上的母亲，所以有了一折五瀑。山顶是一块平地，因而名刘龙坪。

五泄早在1400年前的北魏就闻名于世，在郦道元的《水经注》中就有记载。历代许多文人墨客如宋杨万里、王十朋，明唐寅、文徵明、宋濂、徐文长、袁宏道等都来过，并留下了诗文和墨宝。

江南古长城

临海是个古城，在西汉时就置县，20世纪80年代前是台州府治所在地。改革开放后，台州市政府搬到了港口小城海门（现名椒江）。试想那时多少地区级的机关事业单位浩浩荡荡地搬迁，几乎将一个临海搬空了。但是，有一样东西是搬不走的，那就是江南古长城。这江南古长城也即台州府的城墙，城墙外就是灵江。江南古长城现存5000

远眺江南古长城

多米，东起揽胜门，沿北固山山脊而建，在山岩上逶迤若一条灰色的巨龙，一直到灵江东岸。因为形似北京八达岭长城，故又称“江南八达岭”。

临海的古长城，已有1600多年历史，在晋代时就修建，经历唐、宋、元，江南长城已破败不堪。元朝灭掉南宋时，元帝曾下令拆毁江南所有的城墙，但是唯独留下了临海城的。因为这城墙沿灵江而筑，假如海水涌入灵江，水就会漫进城，而城墙就如大堤，保护着临海城。

到明代，以日本为基地，在朝鲜半岛和中国沿海，有一股海盗势力非常猖獗，比现在的索马里海盗厉害百倍。他们不仅袭击船只，还入侵沿海城市。因这批海盗最初来自日本（倭国），所以统称为“倭寇”。明嘉靖三十四年（1555年），浙江的倭患非常严重，戚继光（1528~1587年，山东蓬莱人）受命来到浙江，镇守宁波、绍兴、台州三府。为了防御的需要，他立即和知府谭纶一起整修原有的古城墙，并发明了二层空心敌台。戚继光在他的《练兵杂记》中说：“今建空心敌台，尽将通人马处堵塞，其制高三四丈不等……中间空豁，四面箭窗，上建楼橹，环以垛口，内卫战卒，下发火炮，外击敌人。敌矢不能及，敌骑不敢近。”这就是瓮城，将倭寇引入里面，就可瓮中捉鳖。后来，戚继光奉命去北京修建明长城，也筑了中空敌台。

戚继光还在义乌的农民和矿工中挑选了3000人组织成一支军队，进行严格训练，同时更新了武器。不久，这支新军成了让倭寇胆战心惊的“戚家军”。戚家军定有严明的军法军纪和奖赏制度：如因作战不力而败，主将战死，所有偏将斩首；偏将战死，手下所有千总斩首；千总战死，所有百总斩首；百总战死，所有旗总斩首；旗总战死，手下队长斩首；队长战死，手下所有士兵斩首；出征时如有扰民行为，一律斩首示众；杀死一个倭寇，赏白银40两。所以，戚家军个个敢战能战，并得到当地百姓的支持。戚继光在临海八年，九战九胜，倭寇势力基本清除，浙江又恢复了安宁。

瓮城

天台山记

全国有14座天台山，浙江的天台山得天独厚，它是佛教天台宗的发源地，唐宋时就很有名，留下了许多诗文。明代大旅行家徐霞客的游记里就有两篇有关天台山的游记，是他开始中华之旅的第一座山。天台山在天台县城的北面，平均海拔500米，主峰华顶海拔1098米。山多悬崖峭壁，多瀑布流泉，多名花异木，在林深叶茂中有梵音缭绕。

国清寺

天台山最著名的寺院是国清寺，公元570年，由隋时的智觊高僧始建，由此创立了天台宗。智觊禅师没见到寺院建成就羽化了，但留下了六字隐语："寺若成，国即清。"寺院于公元598年建成，由此名国清寺。这是否隐含着禅师对隋王朝的不满，无法考证。天台宗一直传到了日本。经历"文革"，寺院里的佛像被砸烂。1973年，周恩来总理下令大修寺院，并将灵隐寺的大佛运到国清寺。1975年，日本的天台宗信徒来国清寺朝拜祖宗，他们在天台城下车后，三步一拜进的山门与寺院。

国清寺的山门很特别，不是朝南开而是朝东开，寺旁有一条溪，由北涧和西涧汇合至丰干桥下。桥旁有一石碑刻着"一行到此水西流"。这"一行"，是唐代的高僧，他来到国清寺那天，正当北山洪水暴发，洪水涌到丰干桥下，一时宣泄不出，就往

天台山古方广寺，为五百罗汉道场。

国清寺是佛教天台宗的发祥地。

西涧倒涌而去。高僧丰干、寒山、拾得是唐代国清寺的三贤。寒山和拾得常在寺院外的松林里游玩吟诗，并将诗题在岩壁上。寺院的伽蓝殿外有一株隋梅，是天台宗五祖章安大师手植。1300多年来花开花落，几死几生。“文革”中，佛像被砸烂，佛门紧闭，梅也濒临死亡，一直不开花。寺院大修这年，梅突然发了新枝。以后，每年冬天，又是繁花如雪，香满古刹。梅真是通天地之灵气。

我曾多次去过国清寺，有一次住宿在寺旁的隋梅宾馆。那天晚上，我和洪迪等几个诗友又进了寺院。现在的寺院建筑是清雍正十二年（1734年）重修，1973年再大修。全寺总面积7万多平方米，殿宇分5条纵轴线建，有8000多间房。

经堂里，幽暗的烛光摇曳着，木鱼“笃笃”叩击着夜，身披黑袈裟的和尚带领着身披黑袈裟的信徒匍匐在地，口中吟诵着“南无阿弥陀佛”，正在为死去的亲人超度。寺院里一片寂静，这是一种通向不生不灭、无所不在而又看不到摸不着达不到的玄秘境界的静。抬头望，天上繁星闪烁，像钻石似的镶成了一条银河。在浩瀚的宇宙中，我们人是多么渺小，也许是宗教让我们有了航标灯而不至于迷茫。

石梁飞瀑

20世纪80年代中国内地首部功夫片《少林寺》风靡全国，这电影许多的镜头都是在天台山的石梁飞瀑拍的。小和尚们每天要飞越石梁去对面取水，一不小心就会一失足成千古恨。

石梁飞瀑在中方广寺旁。这里是一条山谷，依山有上方广寺、中方广寺和下方广寺，建于北宋建中靖国元年（1101年）。刚建成，即毁于火灾，1193年重建。两条溪水直冲下来，到了中方广寺旁的大磐石上，汇成一条大河，突然转弯向西南，从石梁下穿过，直泻而下。瀑有数十丈高。那水，柔似绸缎、静如处子，在横空飞架的石梁前突然变得坚强勇敢，高声呐喊着，纵身跳下万丈深渊。它们跳下去，粉身碎骨，即刻涅槃；随之凝聚起来，再生，又柔似绸缎、静如处子，坦然、自在，在运动中生生灭灭，生命因此而万古不息。

石梁飞瀑

有一年的中秋节，也正好是国庆节，洪迪带我和白虹、江帆、一勤住进中方广寺。那一晚没有月亮，天漆黑得伸手不见五指，站在寺院的骑马楼上看下方广寺，有星星点点的烛火在闪烁，我们仿佛置身在天庭，远离了人间。白虹用白纸剪了个月亮，将它挂在树上。我们又从寺里取出蜡烛点上，才有了重回人间的感觉。

华顶杜鹃

华顶，是天台山的最高峰，山上云雾缭绕，古树名木繁多。其中，云锦杜鹃是最值得一看的。这是我国特有的珍稀树种，是377种杜鹃花之王。虽然在四川、云南也有，但极少，成片成林的唯华顶山独有。华顶的云锦杜鹃有100多亩，树龄大多有几百年。

华顶杜鹃

云锦杜鹃古时称“娑罗”，是一种常绿灌木。在我的印象中，杜鹃花丛都是矮矮的，花只有喇叭花那么大。当我第一眼见到云锦杜鹃的时候，真是惊呆了：杜鹃花丛竟然是高大的树，都有五六米高。油亮的叶片像枇杷叶，花大朵大朵的，有碗口大。粉色的、白色的、淡紫色的花次第开放着，成片的杜鹃林汇成一个花的海洋。

云锦杜鹃在华顶已花开花落1000多年，每年5月开花，但因气温的差异，开花的日子不确定，而花期只有7天左右，所以，要看到它们是要有缘分的。

雪窦山——弥勒道场

中国佛教有五大名山：普陀山（观音道场）、五台山（文殊道场）、峨眉山（普贤道场）、九华山（地藏王道场）、雪窦山（弥勒道场）。道场，即佛成道的地方。这五大道场我都去过。

雪窦山在奉化溪口蒋介石的老家，由九座峰峦组成。九峰中最主要的峰名“乳峰”，有一石窦，终年有泉水流出，色似白雪，山便由此得名。雪窦山有千丈岩，从石窦里涌出的泉水，在雪窦寺前与另一股涧水汇合，流入锦境池，穿过关山桥，在千仞绝壁的山顶，像奔腾的马群呼啸着凌空冲出，形成名震浙东的千丈飞瀑。早在唐宋年间，就有文人雅士前来探幽览胜。王安石有诗咏千丈岩：“拔地万重青嶂立，悬空千丈素流分。”唐宋八大家之一的曾巩也到过这里，他曾写下这样的诗句：“玉虬垂处雪花翻，四季雷声六月寒。凭栏未穷千丈势，请从岩下举头看。”宋仁宗曾梦游名山，醒后

雪窦寺是弥勒的道场。

雪窦寺弥勒像

千丈岩瀑布

命人将天下名山图献上，让他辨认。当看到雪窦山图时，兴奋地说：“就是此山！”因而雪窦山又名“应梦名山”。从此名声大振。进山处的御书亭上的“应梦名山”四字，是宋理宗的御笔。

雪窦山的有名，主要是因为山上有个雪窦寺。此寺创建于宋，兴盛于唐宋，历来被称为天下十大名刹之一。雪窦寺是弥勒的道场。弥勒，就是我们进每一个寺院第一眼就看见的那尊笑容可掬的大肚佛，民间也称“布袋和尚”。布袋和尚实有其人，奉化长汀村人，名契此，号长汀子，五代后梁时人，生年不详。契此成人后，在与长汀村隔江的岳林寺出家。这岳林寺的前身叫“崇福院”，建于南朝梁大同二年（536年），唐大中二年（848年）改称“岳林禅寺”。契此身材矮胖，肚子很大，他生性诙谐，笑口常开，喜欢与孩子们在一起。他出语无定，形如疯癫，能给人预卜吉凶。他智慧超群，善作偈语，教化百姓，深得百姓的喜欢。他提倡做人要乐观自在，淡化憎爱。他经常用竹竿挑着一个布袋云游四方去化缘，将讨来的东西装入里面：“我有一布袋，虚空无挂碍。展开遍十方，入时观自在。”因而，大家叫他“布袋和尚”。布袋和尚常出没于雪窦寺，在这里讲经。五代后梁贞明三年（917年），布袋和尚在岳林寺坐化。临终时留下一偈语：“弥勒真弥勒，分身千百亿；时时示时人，时人不自识。”当地的老百姓认为他是弥勒转世，就在寺院的天王殿正中塑了他笑口常开袒胸露乳的大肚像。宋代以后，江浙一带的寺院开始按他的形象来塑弥勒像，后来逐渐在全国流行。弥勒是印度佛教中释迦牟尼的弟子，是尊未来佛，中国人将他附以布袋和尚的欢喜形象，真不能不说是对外来印度佛教的一个创新和发展。

雪窦山的顶峰妙高台，亦叫“妙高峰”，只有一条小道通山下，三面绝壁，上接云天，顶却如平台。宋时，雪窦寺的高僧知和禅师每天天不亮便上山诵经修行。一日，禅师正盘膝趺坐，忽然后脖颈有湿乎乎的感觉。睁眼回头，竟是山下洞中的那只吊睛白额虎站于身后！知和禅师视若无睹，仍然诵经，竟相安无事。日子久了，那虎听经收了野性，每次都驮知和回雪窦寺。北宋宣和七年（1125年），知和禅师圆寂入塔，那虎仍每日来山上守护知和塔。这只是个传说，但却赞美了宗教信仰的力量。知和实有其人，知和塔是座六角形柱状石塔，坐落于蒋介石在妙高台的别墅院中央，塔对大门，门口便是那块卧虎石。

神仙居住的地方

仙居置县，始于王羲之写《兰亭集序》的东晋永和年间，原名永安县。到了北宋景德四年（1007年），宋真宗赵恒游了西罨寺后感慨道："洞天名山，屏蔽周围，而多神仙之宅。"隐隐中透出他想得道升天的愿望，即下诏台州永安县更名为"仙居"，从此便这么叫下来。

神仙居山顶天池

我曾去过仙居县城西约20公里的白塔镇境内的神仙居风景区，这是20世纪末才开发出来的。其实，这是古已有之的风景区，里面原有西罨寺。据《光绪志·寺观》载，此寺为北宋雪崖禅师建造。明万历十一年（1583年），僧广正又募捐重建。因风雨侵蚀，如今寺已成废墟。但周围山明水秀，大小瀑布深潭成群。沿着古寺遗址前一条平整的幽径慢慢缘溪前行，少顷，两边山势便渐趋生动，显现出灵气来。青峰如削，山石似僧；古木像虬龙，从崖畔飞逸而出。最会意的是那一川似琼浆如玉液的清泉水，适才还在峰顶与云同游，和鹰为伴，转眼间却匍匐在我们脚下，从色彩斑斓的卵石和金色的净沙上潺潺流过，丝毫都不在乎自己这一落千丈的巨大变故。

那一条条白净如练的瀑布，已开发的有十一泄，一个瀑布分十一级跳下山来，每一级都有一个深潭接住，实为国内罕见。开始时，我每置身于一泄，还惊诧于山的幽深。后来，在这山水一静一动、一刚一柔、一浓一淡、一深一浅的错落组合中，有了越来越多的领悟，便渐渐地融入大自然，忘记了自己的存在。当置身最后一级瀑布，仰卧在纤尘不染的卧牛石上时，已进入到“不看松色奇，只听风声好”的境界，心静得能听见四周山上青草拔节树木抽枝的声音。

赶快回去找有关神仙居的资料，没想到文字记载十分零碎，既没有影响的历史人物的足迹，也没有像样的文学作品留下，原来这是一片局外人从未问津过的处女地。整个仙居的风景名胜，从东晋置县到辛亥革命，流传下来的只有清光绪翰林院编修的潘耒的一篇《游仙居诸山记》，他认为：“天台幽深，雁荡奇崛，仙居兼而有之。”而这兼而有之的好风景，却远不如天台、雁荡的名声，究其原因，就是因为缺少文化积累。一片好风景，一经与文学结合，便能成为名胜，从而名扬天下。（文/汪浙成）

景星岩对面的山峰，如书卷展开。

天光云影

往事

> 浙东这块土地真是神奇，出了那么多大思想家、文学家、革命家，他们都有一个共同点——硬气，也就是说骨气。

大禹治水

4000多年前的中国大地，洪水汤汤，人为鱼鳖，先民们只得丢弃家园逃往山上避难。尧命鲧治水，但九年不治；舜接替尧做了部落首领，将治水不力的鲧斩首，要鲧的儿子禹去治水。禹从冀州出发，踏遍九州考察，改变了鲧逢洪筑坝的方法，采用开渠排水，将洪水引入大海，洪水终于被制服。

有关大禹治水的故事，在民间口口相传和史书典籍上记载的有许多，最有名的莫过于“三过家门而不入”。大禹在九州治水，他每天与百姓一起，头戴笠帽，挖土挑泥。《庄子》说：“昔者禹堙洪水，亲自操秦耜而涤天下之川，股无跋，腔无毛，沐甚雨，衪疾体。”是说大禹整日浸在雨中泥中，连小腿上的汗毛都磨光了，还得了一种腿疾，“步不相过，人曰禹步”。他娶了涂山氏为妻，新婚的第四天就离家去治水了。《史记·夏本纪》记载：“禹……居外十三年，过门而不入。”大禹治水十三年，三次经过家门都没有进去。他的妻子生儿子启时，他在门外听到婴儿的哭声，也没进去探望。现在想想，这样的事情真是不近人情。禹的

大禹陵

妻子也是够苦的，她望穿秋水，盼望丈夫归来，而丈夫为治水却三过家门而不入。在安徽当涂的涂山东面，有一块石头名“启母石”，也叫“望夫石”，据说是涂山氏所化。其实，这是老百姓为感谢涂山氏的付出而命名的。

舜看重禹的才能和品德，将首领位置禅让给了禹。

禹在治水的过程中，“披九山，通九泽，决九河，定九州”，获得众多部落首领的拥戴，建立了中国历史上第一个奴隶制国家——夏。《史记》中记载：“帝禹东巡狩，至会稽而崩。”大禹晚年时，来到了会稽，在会稽山召集了部落首领开会。此会是如何开的，没有史料记载，我也无法描述。但会议中发生了一件大事，据孔子说：“昔禹致群神于会稽之山，防风氏后至，禹杀而戮之。”防风氏因为开会迟到，大禹就将他杀掉。照理大禹不是一个残暴之人，不至于因这点小事而杀人，肯定有大事。后人考证，说是因为防风氏抗拒缴税。这就是说，中华民族已经有了国家体制，有了税收制度。会稽，也即会计。

大禹后来死在了会稽，埋葬的地方后人称为“禹穴”，据说黄帝曾在这里藏过书，大禹因得到过黄帝的《水经》而治好了水。大禹是华夏中国的“立国始祖”，后人为纪念大禹的功绩，在这里修建了大禹陵、大禹庙。越王勾践、秦始皇都来祭祀过大禹。现在禹陵还有秦始皇的丞相李斯写的《会稽刻石》碑；陵旁有“禹穴”二字，相传是李白所书；明嘉靖年间，知府南大吉立“大禹陵”碑。

在我国，被称为“禹穴”的有两处：一处在四川北川的九龙山下，相传是大禹的出生地；另一处就是在绍兴的会稽山，是大禹驾崩的地方，离绍兴市区6公里。

大禹后来死在了会稽，埋葬的地方后人称为“禹穴”。

越王台

十年生聚，十年教训

绍兴的府山，只有75米高，在2500年前，这里曾是越王勾践的王宫，有越王台“周六百二十步，柱长三丈五尺三寸，台高丈六尺。宫有百户，高丈二尺五寸”（《越绝书》）。现在的越王台是在宋代的遗址上于清康熙五十二年（1713年）重建的。

勾践（约公元前520~前465年），是大禹的后裔。大禹在会稽治水，死后埋葬在会稽。大禹的第五代少康，封他的庶子无余到会稽建立“于越”国，目的是守大禹的陵墓。

越国很小，直到春秋时还只是吴国的一个附属国。吴国虽也是一个小国，但野心勃勃，试图称霸。它与晋国联盟，迅速强大了起来。越国也不甘其后，就与楚国联合。这一下，吴国大怒，公元前510年，吴国出兵攻打越国。五年后，趁吴国攻打楚国之机，越国偷袭吴国后方，一举成功。从此，两国结下世代冤仇。

就在这样的时代背景下，勾践于公元前496年即位。这一年，吴国发兵打越国。在此战役中，吴王阖闾中箭而死，儿子夫差继位。阖闾临终前告诫儿子夫差：“必毋忘越。”夫差发誓要报杀父之仇，每天起床和临睡前让人问他：“你忘了你父亲是怎样死的吗？”夫差答：“不敢！”

公元前 494年，勾践出兵讨伐吴国，但因吴军的复仇怒火势不可当，越兵大败，勾践最后只带了5000将士逃回会稽。吴兵一直追到会稽，将会稽城团团围住。越国大夫文种带了金银财宝通过吴国太宰伯嚭向夫差求和，吴国大夫伍子胥劝夫差不要同意，夫差听不进忠言，同意了勾践的求和，但要越国重新对吴国称臣，并要勾践夫妇到吴宫做三年奴仆。

勾践夫妇和大臣范蠡来到吴宫。夫差有意要羞辱勾践，要他住在阖闾墓前的小石屋里守坟养马。有时骑马出门，故意要勾践牵马在前让吴国人看。勾践在夫差面前低眉俯首，小心翼翼，自称贱臣。夫差病了，他竟然肯听命去掀开马桶盖观察夫差刚拉的大便。三年后，夫差仍动了恻隐之心，欲放勾践。伍子胥又竭力反对，但夫差仍不听。

勾践回国后，不住王宫，朝吴国方向建一小屋，每晚睡在柴垛上，梁上悬挂一个苦胆，每天都要舔一舔，时刻不忘曾经受过的苦。这就是“卧薪尝胆”的来历。他不近女色，不听音乐，念念不忘报仇雪恨。为了不使夫差有任何怀疑，他每年都按时给吴国送去美女和大量的金银财宝。夫差要建姑苏台，他就送去特大的“神木”，并将专门训练过的美女西施献上。

几年的战争，使越国满目疮痍，人口锐减，生产遭到极大破坏，要复仇，必须国家富裕强大。勾践采纳了两位杰出大臣文种和范蠡提出的“十年生聚，十年教训”的富国策略，他让范蠡负责练兵，文种管政事。勾践制定了一系列发展生产的措施，他从自身做起，“身自耕作，夫人自织。食不加肉，衣不重采”。鼓励百姓耕种、养蚕织布，鼓励生育，增加人口。规定男二十岁、女十七岁必须结婚；家有两个儿子的，其中一个由国家养；三个的，其中两个由国家养。他减免赋税，让百姓休养生息，将越国治理得井井有条，民富国强。对外，他用尽办法与齐国、晋国、楚国搞好关系，解除后顾之忧。

公元前482年，吴国先与齐国大战于山东莱芜，后又与晋国大战于河南。勾践见报仇的时机终于等到，立即出兵攻入吴国，一把火将夫差的姑苏台烧毁，出了一口恶气。吴王只得向勾践求和。

公元前473年，越国又攻打吴国，最后将夫差困在姑苏山上。夫差也想如当年的勾践一样送厚礼屈膝投降以求吴国的存在，但勾践一口回绝，不让吴国有再生之机。吴王只得拔剑自刎。

越国战败吴国，与北方大国晋、齐会合，成了“春秋五霸”之一。这就是“十年生聚，十年教训”的结果。一个国家，一个人，只有知道有错必改，才能重振旗鼓。

兰亭曲水流觞

兰亭，在离绍兴城13公里处的兰渚山麓。据说，越王勾践曾在此种兰花，东汉时又建有驿亭，所以名兰亭。这里有崇山峻岭，茂林修竹，又有清流急湍。

公元353年，即东晋永和九年，“三月三，龙抬头”，那一天风和日丽，右军将军、会稽内史王羲之邀请朋友谢安、孙绰等好友42人，聚集于兰亭。他们沿溪而坐，将盛满绍兴黄酒的一只酒盅放入溪中，杯流到谁人面前，谁就得喝三盅并当场赋诗一首。当时有26人赋诗41首，聚诗成集，王羲之为这集子写了序，这就是流芳千古的《兰亭集序》。据说，王羲之是乘着酒兴用鼠须笔在蚕茧纸上写下的这篇序文。全文激情饱满，文采飞扬，充满哲理，一气呵成。324字，字字精妙，如文中有20个“之”字，无一雷同。《兰亭集序》是中国书法史上的一绝，1600多年来，为所有爱好书法艺术的人高山仰止。

《兰亭集序》是王羲之一生的巅峰之作，成了王家的传家宝。传到王羲之的第七代孙智永手中，智永因出家当了和尚，就将它传给了弟子辨才，这已经是唐朝李世民的时代。唐太宗李世民酷爱王羲之的书法，听说辨才处有《兰亭集序》，便设法骗到了手。

唐太宗得到了《兰亭集序》后，命褚遂良、虞世南、冯成素等书法家临摹成副本，所以就有了许多留世的临摹帖。唐太宗死后，儿子李治遵照父亲的遗嘱，将《兰亭集序》随葬于昭陵。

但是，关于《兰亭集序》的下落，后来成了一个谜。有的说，李治也很喜欢

《兰亭集序》碑

鹅池

《兰亭集序》，在唐太宗下葬时，用临摹本换下了真迹，后来武则天又将其带入坟墓；《新五代史·温韬传》记载，温韬曾经盗过昭陵，发现墓中有一铁匣子，里面藏着许多名贵字画，其中有王羲之的书法，“韬悉取之，遂传人间”。《兰亭集序》真迹现在是否仍在人间，谁也不知道。

在兰亭景区进门不远处，有一块“鹅池”碑，据说“鹅”是王羲之一笔而就，“池”是他的儿子王献之写的，父子合作为一碑，传为千古佳话。在里面还有一块祖孙合作的碑，正面是康熙临摹的《兰亭集序》，背面是孙子乾隆1751年写的《兰亭即事诗》。这块碑在“文革”中因当地人用泥灰遮去碑文，上写毛主席诗词，才幸免于难。

我们的祖先，创造了许许多多的艺术瑰宝，经过岁月的淘洗，能传承到今天的，已是少之又少，我们得加倍珍惜和保护之。

王羲之祠

东山再起

中唐诗人刘禹锡有一首诗《乌衣巷》："朱雀桥边野草花，乌衣巷口夕阳斜。旧时王谢堂前燕，飞入寻常百姓家。"诗中的"王谢"，就是东晋时的谢安和王导两大显赫家族。我这里要讲的是有关谢安的事。

谢安（320~385年），字安石，河南太康人，出身名门望族，从小聪慧，有"神童"之称。西晋末年，他的祖父谢衡为避内乱，来到浙江上虞上浦的东山国庆寺。东山是一座不起眼的小山，但山脚下有一条美丽的曹娥江环绕，这里风景秀美，环境幽静。谢衡决定长期在东山住下。谢安的父亲那时在南京身居要职，谢安跟着父母在南京生活，但小时候常到祖父处来小住。21岁时，淡泊名利的他来到东山，也决定在此隐居。遵照祖父的遗嘱，谢安精心营造了谢家大宅。1600年过去了，谢家大宅只留下了"白云"、"明月"二堂，堂上有对联"明月当头，照我一身清白；两袖清风，不带一根草去"。此对联是朋友为他写的，表达了他的心声。

谢安在东山广交文友，喝酒吟诗，纵情山水，不亦乐乎，成了当地的名士领袖。公元353年，他与王羲之等在兰亭雅集，成为千古佳话。

东晋时，朝廷有规定，世家子弟必须出仕，谢安总是找各种理由推辞。有时万不得已去做了官，只几个月又逃回东山。他的妻子也是世家女，见周围的人都升了官，很是着急，就对谢安说："男人怎么能如此平庸过一生呢？"谢安听了，捂住鼻子，像闻到了臭味。

40岁时，做官的哥哥去世，弟弟又因征战失败削职为民，为保住家族的门第，谢安只得结束逍遥自在的隐居生活，离开东山，到南京去发展，从此开始了他辉煌的政治生涯，从而也留下了"东山再起"的佳话，成了一个老少皆知的成语。

谢安凭着自己的实力，从吴兴太守一直官至丞相。他以德治政，铁腕治国，是一个杰出的政治家、军事家。公元383年的淝水之战，在谢安精心布局和遥控下，八万士兵击败百万前秦军，保住了东晋的江山。这在中国战争史上是以弱胜强的典型战例。

当时，晋军收复寿阳，弟谢石和侄子谢玄派飞马到南京报捷。谢安正和客人下棋，他不露声色一直将这盘棋下完。客人问是何事，他才慢吞吞地说："小儿辈已经破贼！"神色如此镇定的他，在送走客人回里屋去时，终于按捺不住喜悦的心情，跨门槛时乐极忘形将木屐上的齿都踩得折断了。

谢安为官20多年，他生前一直怀念东山，想有朝一日回东山养老，但天不假人年，66岁的他在南京去世。后人按照他的遗愿，将他迁葬回上虞东山故居旁。

上虞，是"三皇五帝"之一的舜狩猎或避难过的地方，《水经注》上说："舜避丹朱于此，故以名县；百官从之，故县北有百官桥。亦云舜与诸侯会事讫，因相虞乐，故曰上虞。"公元前222年上虞就已设县。

济公故里

济公的故事

“鞋儿破，帽儿破，身上的袈裟破；你笑我，他笑我，一把扇儿破。”1988年，电视剧《济公》播放时，几乎满大街的人都会唱这支主题歌。多少年来，济公在人们心目中就是这么一副落拓不羁近乎痴癫的形象，但是，人们仍然非常喜欢他。关于济公的传说，在民间有许多许多，主旨都是他爱管人间不平事，惩恶扬善，扶正锄奸，人们把他当成了一个活佛，一个神。因为，中国的老百姓在不平的人世间受苦受难时，总希望有一个好皇帝或者神来解救他们。世上好皇帝是没有的，那只能寄托在神或佛身上。

其实，济公实有其人。济公是天台永宁村人，原名李修元（1148~1209年）。他的祖上世代为官，高祖李遵勖曾娶宋真宗赵恒的妹妹万寿公主为妻。宋室南迁后，李家流寓到李遵勖的封地天台，从此在天台住下。李家历代积善信佛，家族中出过不少禅宗的居士。李修元的父亲李茂春，为人正义敦厚，因不满朝廷的腐败，弃官回乡隐居，他一直笃信佛教，乐善好施，但年届四十仍膝下无子，后虔诚求佛，终得一子。国清寺

住持为孩子取名“修元”，从此与佛结下了缘。

天台是佛教禅宗的发祥地，李修元年少时就拜天台国清寺法空一本为师。18岁时，投奔杭州灵隐寺的高僧慧远，受戒入空门，取名“道济”。当时，李家人丁不旺，李修元本可在家做居士，为李家承继香火，他却毅然遁入空门，从此断了红尘回归路。一个书香门第官宦之家出身的公子出家后，却以一个癫狂和尚的形象出现在世人面前，这其中一定发生过很复杂的故事，我们后人不得而知。

《净慈寺志》记载：“道济，字湖隐，天台李茂春之子，母王氏，梦吞日光而生，绍兴十八年十二月初八日也。年十八，就灵隐瞎堂远落发。风狂嗜酒肉，浮沈市井，或与群儿呼洞猿，翻筋斗，游戏而已，寺众讦之，瞎云：‘佛门广大，岂不容一癫僧？’遂不敢摈，自是人称济癫。”从此，济癫和尚就叫出了名。慧远高僧圆寂后，济公投奔了净慈的德辉长老，做了书记僧。

不要只从表面看济公破鞋破帽的痴癫形象，实际上他是一位学识渊博的高僧，是禅宗杨岐派的第六祖、禅宗第五十祖。他懂医术，会医治许多疑难杂症，并写得一手好诗文，撰有《镌峰语录》十卷。他最大的特点是扶困济贫、除暴安良，他的一生富有传奇色彩。

有关济公的传说，从南宋时就开始流传。济公一生的大部分时间都是在杭州度过。当时的南宋王朝在金兵的追击下逃到南方后，惊魂未定，政局不稳；满朝文武百官从开封逃到杭州，都一心要营造自己的安乐窝，强取豪夺民脂民膏。百姓的生活自然苦不堪言，人们对南宋小朝廷已失去了信心，他们盼望救星，希望有一个神来帮助他们。我想，这大概是济公被人们神化的原因。

济公的故事先是在民间口口相传，后来通过说书人的说唱，内容越来越丰富，到明末清初时，有了《济公传》。800多年来，济公的形象一直出现在戏曲、小说、书画、影视作品里，为广大老百姓喜闻乐见。2006年，济公的故事列入我国《非物质文化遗产名录》。

天台的济公故居在天台县城北门的永宁村，原来的祖居随着岁月的变迁早已湮没。现在的是新建的，占地16亩，由村口的双牌楼、观霞阁、李氏祖居和陇西园组成。

南宋六陵的悲剧

中国历代皇家的陵墓现存的有陕西的秦始皇墓，西汉五陵原，李世民的昭陵，李治、武则天的乾陵，河南巩县的北宋陵，南京明孝陵，北京明十三陵，河北清东陵、西陵，宁夏的西夏王陵，扬州的隋炀帝墓和绍兴的宋六陵等。宋六陵是江南最大的一座皇家陵园，这里埋葬着南宋九个皇帝中的六个：高宗、孝宗、光宗、宁宗、理宗、度宗。另有宋徽宗和三个皇后的墓，加上王室重臣的墓，有百座之多。南宋王朝153年，这六个皇帝在位148年，可以说他们见证了一部南宋的兴衰史。

宋六陵在离绍兴城东南18公里的攒宫村。多年前，我和朋友白虹、江民繁曾一起去寻访过。这里是一个茶场，正是初春时节，茶树上蒙着黑色的网罩。四周群山环抱，灰蒙蒙的天穹下，在一片黑压压的平地上，许多株古松兀立着，透着皇家之气，但有一种说不出的苍凉感袭上心头。我们怎么也找不到陵墓的痕迹，没有碑碣，甚至连土堆都没有。一位茶场工人指着那些古松告诉我们："在松树下埋着呢！"

南宋绍兴元年（1131年），北宋哲宗皇后孟氏在临安（杭州）病故，临终时请求"就近择地攒殡，候军事宁息，归葬园陵"。她还想着回到老家河南去，但南宋王朝一直回不了老家。孟皇后下葬的地方在绍兴宝山，这地方原是泰宁寺，吏部侍郎杨华考察后，觉得此地形势天设，吉气丰盈，便回去奏请朝廷，将寺院迁走。宝山后来改名为攒

古松陪伴南宋六陵

宫山，这“攒宫”地名即从“攒殡”而来。从此，南宋的皇帝死后都葬在这里。

保留下来的历代皇陵，都或多或少保存着一些碑碣、祭桌、石人石马等，只有宋六陵荡然无存，也许它是中国历史上遭遇最惨的帝王陵墓。据志书记载，元世祖至元二十二年（1285年），掌管江南佛教事务的西夏党项族僧人杨琏真伽和丞相桑哥勾结，挖开六陵，盗走了随葬品，尸骨抛野，惨不忍睹。宋遗民山阴人唐珏，召集另四个人，对他们说，我们都是宋人，不忍看皇帝的陵寝暴露，我做了六个石函。当夜，这些人捡拾起皇帝的遗骸，逐一装入石函，并偷偷换上其他的骨头，以免被发现追究。只有理宗的头颅很大，就不敢换假。他们将石函葬在兰亭天章寺前，并于每一函上种一冬青树作记号。后人称这五人为“冬青五义士”。后来，杨琏真伽竟将理宗的颅骨做了酒器，作战利品炫耀，还将那些尸骨杂以牛马骨，在临安建塔埋掉，名曰“镇南”，要南宋永不能复国。南宋六陵可说是遭受了所有皇帝陵墓中最大的劫难。

直到明洪武二年（1369年），朱元璋下诏修宋六陵，找到了宋理宗的颅骨和天章寺中的遗骨，归葬攒宫，立碑种上松树，每年都要祭祀。到清代，南宋六陵逐渐荒废，但陵墓格局尚在；至民国，只有孝宗、理宗陵存有享殿三间，其余的墓冢、墓碑等都在；20世纪70年代，这里开辟成茶场，留存下来唯一的文物就是那些古松。

宋史是一部受尽外族挨打的屈辱史，南宋王朝偏安杭州后声色犬马，苟且偷生，最后落得国破家亡、投海自尽的下场，而死后还要遭受如此大的劫难，明代文人袁宏道凭吊了六陵后，写了《宋六陵记》，感慨道：“古来亡国败家虽多，未有若此之惨酷者也！”历史的教训我们后人要牢记心头。

王阳明与黄宗羲

一个小小的余姚县，在明代竟然出过两位大思想家：王守仁和黄宗羲。

王守仁（1472~1528年），号阳明，字伯安，原名云，后改名为守仁，世称阳明先生。王阳明是明代著名的哲学家、教育家、军事家、文学家，史称“明第一流人物，立德、立功、立言皆居绝顶”。

王阳明出生在余姚城里的武胜门西的瑞云楼，这是一幢明代建筑，七楼七底。据说王阳明诞生时，他祖母梦见神仙乘瑞云来送子，因而将此楼称为“瑞云楼”。但是王阳明到5岁时还不会说话，后来有人提议改名，将王云改为王守仁。于是，王守仁便会开口说话了。

在王守仁10岁的时候，他的父亲王华中了状元，一家就随父亲到了北京。王守仁在父亲的严厉教育下，学文习武，饱览群书，精通兵法，善骑能射，成了一名博学之士。28岁时，王阳明中了进士。他曾做过知县、刑部主事、兵部主事、吏部主事，一直做到南京兵部尚书，封“新建伯”。但因他集文武谋略于一身，功高而遭人嫉妒，就辞官回乡。他在绍兴、余姚一带创建书院，宣讲他的“心学”，创立了著名的明代“王学”。

王阳明故居

“天下之物孰为大？曰：心为大。”这是王阳明“心学”的主旨。世界上许多唯心主义哲学家，除了古希腊的苏格拉底和柏拉图比王阳明早之外，大多都在他之后，如笛卡尔、黑格尔、康德、叔本华、尼采等。400多年前，王阳明就提出了这样的主观唯心主义思想，不能不说是具有超前意识。王阳明的著作有《王文成公全书》三十八卷，其中有关哲学的书最重要的有《传习录》和《大学问》。

黄宗羲（1610~1911年），字太冲，号南雷，人称“梨洲先生”。黄宗羲的父亲黄尊素为山东道监察御史，是著名的东林党人，因三次弹劾阉臣魏忠贤，与杨涟、左光斗等被阉党许显纯害死，史称“七君子”。崇祯即位后，魏忠贤等阉党垮台。黄宗羲赴京为父亲报仇，那年他19岁。他杀了当年害死父亲的两个狱卒，并在与许显纯等阉党对簿公堂时，愤而抽出藏在袖中的利刃，刺伤了许显纯，因而名震朝野。黄宗羲报了父仇后，遵照父亲的遗愿，回乡拜刘宗周为师。刘宗周（1578~1645年），官至工部左侍郎，左都御史，因弹劾魏忠贤被削职为民，是当时很有名的哲学家，绍兴人。他在余姚创办证人书院，讲学达二十年之久。南明政权灭亡后，刘宗周绝食殉国。

刘宗周的哲学思想和气节给了黄宗羲很大的影响。明崇祯十一年（1638年），黄宗羲和一批士人组织了“复社”，写了声讨阉党余孽的檄文《防乱公揭》，揭露阮大铖出卖东林党人，因而入狱。后来从狱中逃出。这时正逢清兵入侵，他立即投奔鲁王，招募精兵三千组成“忠世营”，渡过钱塘江去海盐抗击。后只剩了五百人，就进入四明山，与抗清志士张苍水一起，整整打了十年游击战，一家八口人有四人战死。但是，大势所去，明朝彻底灭亡，黄宗羲不愿当清朝的官，就归隐，重新开始了他的学术研究，在证人书院讲学，跟随他的弟子有几百人。黄宗羲在讲学期间，潜心研究明灭亡的历史原因和教训，编出了《明史案》、《明文案》等重要历史著作，从而建立了浙东史学流派。在他的《明夷待访录》里，他将矛头直指封建皇帝，指出“为天下之大害，君而已矣”，“为天下之治乱，不在一姓之兴亡，而在万民之忧乐”，揭示出明灭亡的根本原因，这是极具民主主义色彩的观点，后人将《明夷待访录》称为“中国的《人权宣言》”。

黄宗羲晚年建龙虎山草堂于余姚陆埠镇十五岙的化安山，在这里著书立说。79岁时，他自己在山上找了墓地，并作《葬制或问》，对儿孙说，死后不用棺木，不做佛事，一切从简。他逝世后，儿孙遵照他的遗嘱，从简安葬了他。黄宗羲活了85岁，可谓高寿。

“文革”中，黄宗羲的墓被毁，1981年重修。

台州式的硬气——方孝孺

浙东这块土地真是神奇，出了那么多大思想家、文学家、革命家，他们都有一个共同点——硬气，也就是说骨气。鲁迅在《为了忘却的纪念》中提到了方孝孺，鲁迅称他和柔石都有“台州式的硬气”。

方孝孺（1357~1402年），宁海大佳何溪上方村人，号逊志。方孝孺从小聪明，6岁就能诵诗作诗。《明史》记载：“孝孺幼警敏，双眸炯炯，读书日盈寸。日坐一室不出门庭，理趣会于心，虽钟鼓鸣、风雨作不觉也。”是一颗“读书种子”。15岁时，跟随父亲北上济宁，后来拜宋濂为师。宋濂（1310~1381年），浙江浦江人，也算是方孝孺的老乡。宋濂为翰林学士，明“开国文臣之首”，明初诗文三大家之一，做过建文帝的老师。方孝孺是宋濂诸多学生中最优秀的，他博学多才，品格端正，深得宋濂器重。明洪武十五年（1382年），东阁大学士吴沉等推荐方孝孺进京。明太祖朱元璋见他举止端庄，学问渊博，觉得他将来可辅佐自己的子孙，便送厚礼让他回乡。明洪武三十一年（1398年），皇太孙朱允炆继位，将方孝孺召进京任翰林侍讲学士，尊为师，逢到读书有疑难时就让方孝孺讲解，碰到有国家大事时也常向他咨询。方孝孺在宫中同时修纂《太祖实录》等，后调任文学博士，主持京试。

明建文元年（1399年），燕王朱棣（后来的明成祖）以“清君侧”为名，发动夺皇位的战争。当时，讨伐燕王的诏书檄文都出自方孝孺之手。

朱棣最终攻下了京城，杀了惠帝，夺得了皇位，满朝文武官员纷纷招降，但方孝孺拒不投降。朱棣也知道方孝孺的才学和威望，命他写新皇帝即位诏书。方孝孺坚决不写，在金銮殿上为惠帝披麻戴孝，悲声大哭，最后写下四个字：“燕贼篡位”。气得朱棣大发雷霆：“汝不顾九族乎？”方孝孺慨然答道：“便十族奈我何！”说完又大骂朱棣。

朱棣命人割开方孝孺的嘴角，想阻止他的骂声，血流满面的方孝孺仍然喷血痛骂窃国贼。气急败坏的朱棣将他家里人押解到京城，当着方孝孺的面，一个一个杀戮。当杀到他弟弟孝友时，方孝孺终于忍不住泪流满面。在他内心深处，一定充满了对家人的愧疚。弟弟孝友反过来劝哥哥：“阿兄何必泪潸潸，取义成仁在此间。华表柱头千载后，旅魂依旧回家山。”

朱棣灭了方孝孺九族，又将他的学生朋友也杀了，谓“灭十族”。当时，被凌迟的有873人，充军流放入狱的有几千人。这就是历史上最残忍的“灭十族”血案。

方孝孺最后被腰斩于南京聚宝门外，即现在的雨花台。

一个手无缚鸡之力的文人学士，因为一句“士为知己者死”，因为“气节”二字，做出了撼天动地的行为，真让我们这些后辈汗颜。

在宁海前童镇南岙村，有方孝孺的讲学处“石镜精舍”。这是600年前的学堂，名字是方孝孺取的，取自附近有一石镜山，巨大的石壁如镜一样光滑。方孝孺曾两次来这里讲学，一个大儒来这小村落讲学，周边十里八乡的学生，甚至全国各地都有闻讯赶来听课的，将一个小小的书院挤得水泄不通。书院旁有一株方孝孺亲手栽的柏树，树身已弯，但不倒地，枝叶蓊郁。

方孝孺讲学处

方孝孺手植的龙柏

放学归家的孩子

民间

嵊州越剧多以才子佳人为题材，唱腔抒情婉丽，透着江南的灵秀之气，江浙沪一带的老百姓对它喜爱有加。

东浦酒最香

世界上三大古酒之一的黄酒出在绍兴，而徐锡麟的家乡绍兴东浦是它的发祥地。东浦酿酒的历史可上溯到大禹的时代：大禹治水三过家门而不入，劳累过度，日渐消瘦。为大禹做膳食的仪狄就到深山里去打猎，希望能打到给大禹做美食的猎物。他意外地看见一只猴子喝了发酵的桃汁而醉倒了，脸上一副惬意的表情。于是，仪狄好奇地尝了一口，立即感到浑身热乎乎的，非常舒服。这简直是神水！仪狄将这汁液拿回给大禹喝，大禹顿觉体力大增。以后，仪狄专心研制这种汁液，这就是黄酒的前身。后人将仪狄称为“酒神”。

自酿酒

从前东浦家家酿酒，大大小小的酒坊、酒店有几百家，声名远播京城，甚至引来了皇帝的光临。明武宗正德皇帝朱厚照曾到这里沽酒，在越浦桥边的孝贞酒坊里他独自把盏。这酒坊的老板是婆媳俩，他当场为她们题赠“孝贞”二字，并将东浦黄酒定为朝廷贡品。200年后，乾隆皇帝南巡，也来到了东浦。他也在孝贞酒坊品尝了佳酿，挥笔书写“越酒行天下，东浦酒最香”，并将自己饮用过的金爵赐给了这家店的老板。这金爵至今保存在酒坊传人的手中。

东浦黄酒香、醇、柔、绵、爽，是绍兴黄酒中的珍品。做酒两大原料：水和米。东浦紧傍鉴湖，镇上河港交叉，五步一河，十步一桥，家家门前流淌着清澈的鉴湖水，好水酿好酒；宁绍平原出产优质的糯米，米是酒的肉；当然它的魂是酿酒的独有的传统技艺。酿酒要八道工序，关键是“开耙”时间要恰到好处，稍微提前或延迟都会影响酒的质量。东浦人称开耙师傅为“酒司令”或“酒头脑”，他们是一些身怀绝技的神秘人物。他们的十根手指到冬天冻得又红又肿，表皮开裂，张着血口子。这是因为他们要不断地将指头伸进发酵缸里浸泡，才能准确地测试发酵的温度，知道哪缸酒可以打开，哪缸酒千万不能动。这传统的酿酒技艺和其他的国粹一样都有它们的神秘处，只可意会，不可言传。

东浦镇以往每年农历七月初七酒神诞日前后两天都要举行盛大的庙会，赛龙舟、迎酒神、演社戏，热闹非凡。在绍兴，在东浦，酒会喜气洋洋地陪伴你一生。出生一个月喝满月酒、刚到1岁喝周岁酒、长大择偶有订婚酒，还有喜酒、回门酒、盖房子上梁酒、乔迁进屋酒、送朋友饯别酒、老人生日寿酒、清明上坟酒、端午雄黄酒、中秋赏月酒、除夕团圆酒……有各种理由可喝酒。

绍兴黄酒现代替茅台酒做了国宴酒。

东浦镇水街

越剧剧照

嵊州越剧

越剧，是中国五大戏曲之一，仅次于京剧，为全国第二大剧种。这剧种大多以才子佳人为题材，唱腔抒情婉丽，透着江南的灵秀之气，因而在江浙沪一带深受老百姓的喜爱，特别是中老年妇女，更是爱而有加。记得20世纪70年代末，许多在“文革”中被封杀的电影，都拿出来以参考电影的形式放映，其中有徐玉兰和王文娟演的《红楼梦》。那一天的电影公司放映室里，只听到一片唏嘘的哭声，几乎每个人都在流泪。我是一个看电影不太轻易会流泪的人，也涕泗横流。一部《红楼梦》，让多少人为书中的人物命运叹息，但要这么多人一起为之悲伤，我想主要应归功于徐玉兰和王文娟的表演以及越剧如泣如诉凄美动人的唱腔。

这越剧就出在嵊州。嵊州有一条剡溪流过，古时又称“剡县”，是一个历史悠久、钟灵毓秀的地方。李白、杜甫、白居易等都到过剡溪，杜甫有诗：“剡溪蕴秀异，欲罢不能忘。”李白曾于唐天宝四年（745年）离开山东下吴、越时写了《梦游天姥吟留别》，其中有流芳千古的名句：“安能摧眉折腰事权贵，使我不得开心颜。”这天姥山与天台山相对，下临剡溪。

越剧的历史在许多剧种中是最短的，从初创到如今的鲜花盛开只用了短短100多年，它的原始创造者是嵊州多才多艺的农民。在嵊州，民间有许多会填词说唱的人，他们会见物唱物，见人唱人，见事唱事。约在1852年，嵊州甘霖镇马塘村的农民金其炳发明了一种叫“四工合调”的曲调，旋律很优美，很受人喜欢，后来就成了越剧曲调的基础。那时候，碰到灾荒年，有些穷人就唱这“四工合调”去沿街乞讨。1906年农历三月初三，唱书艺人李世泉、李茂正、高炳火、袁福生等，在东王村的戏台上将说唱改为演戏，成功地演出了《双金花》，轰动嵊州。还有一说法是：1906年，第一次着装登台演出是在杭州西溪河渚，舞台是用农家的稻桶搭起来的。这一次演出一炮打响，从此，形成了正式的戏班子。从最初的即兴口头说唱到有剧本、有角色、有服装化妆、有伴奏伴唱、有舞台的正式演出，一个新的剧种从此诞生。慢慢地就形成了一个娱乐市场，这个市场越做越大，也越来越精致。当时，嵊州出现了300多个戏班，称为“小歌班”、“的笃班”。他们创作了许多剧目，如《梁山伯与祝英台》、《碧玉簪》、《珍珠塔》等经典剧作。他们走村串乡，成年在农村的古戏台上演出，深受老百姓的喜爱。后来，越剧的市场越来越大，1916年进入上海。袁雪芬和她的姐妹们从乡间走到了大上海，从而，也使越剧这朵山野小花移栽到了大上海辉煌的大舞台上。

1945年，袁雪芬等发起了越剧改革，将现代题材植入越剧，打破了越剧以才子佳人为唯一题材的框框。当时，享有盛名的有以鲁迅小说《祝福》为蓝本的《祥林嫂》。20世纪80年代初，浙江省成立了小百花越剧团，剧作家顾锡东的《五女拜寿》使越剧从杭州走向了香港，走向了东南亚。小百花越剧团的第一批小演员中演小生的茅威涛，现在是团长，她正一心致力于越剧从舞美到题材的不断创新改造，让现代年轻人能喜欢。一种艺术形式，如果没有了传承人，没有了群众基础，就会逐渐消亡。这些为越剧呕心沥血的人，我们都要牢记。

麦油子

每次去临海前，我总要给洪迪打电话说：“我要吃麦油子！”洪迪是浙江省著名的诗人和诗评家，曾任台州地区宣传部副部长，后自己要求到台州师专做教师。他思想敏锐，学识渊博，为人低调。一到他家，他夫人早就将麦油子准备好，一大桌子的作料。我一包一大个，狼吞虎咽，一边吃一边连声称：“太好吃了，太过瘾了！”全没有了一点淑女味。

这麦油子说来也很简单，就是用小麦面糊在锅子里摊成薄薄的皮，中间裹各种荤菜素菜。但做这些菜很麻烦，讲究的要做一大桌，相当于一桌酒席。洪迪夫人每次都会做十几盘菜，如韭菜炒蛏子肉、黄鳝丝、鸡蛋丝、虾仁、咸肉、绿豆芽、肉丝豆腐干、炒米粉干，等等。我吃的时候性急慌忙，有的竟然想不起来了。做皮子也较麻烦，先要打浆，要舍得花力气和时间，把面浆打韧，皮子才不会破。然后在锅里摊饼，一斤面粉要做成1000多张像铜锣一样大的饼。现在这种面饼在市场里有得卖，就省力多了。将做好的皮子摊开在桌上，挑你喜欢的菜尽量多地夹进，然后像卷席子一样轻轻一卷，麦油子就做成了，一只有尺把长，两手握着吃。如冷了的话，可在锅子里用少许油煎得皮黄黄的，外香内鲜。各种荤素菜、海鲜、肉类裹在一起吃，与一样样菜单独吃相比，味道完全两样，真的有说不出的美味。

台州人在立夏和春节时都要做一大堆这种食物，只是叫法不同，黄岩称“麦饼筒”，临海人称“麦油子”，天台人称“饺饼筒”，三门人称“麦焦”。

浙中人文地理

ZHEZHONG RENWEN DILI

卢宅外墙

浙江的中部是一个盆地——金衢盆地，面积有1.51万平方公里，也即金华和衢州地区。这是一个名副其实的盆地，东北有大盘山、会稽山，西面有龙门山、千里岗山脉，南面是仙霞山脉延伸向福建，四面的青山像盆周，由盆周向盆地中心呈高山、中山、低山、丘陵岗地、河谷平原阶梯式层状分布。盆地是宽阔的冲积平原，地势低平，东阳江、婺江、武义江、兰江穿流其间。这真是“三面环山夹一川，盆地错落涵三江”。更奇特的是，盆地的土壤是红色的。浙江省大多的土地都是黑色的，只有这里的土地是红色的。

金衢盆地属丘陵盆地，所以它不像一般的盆地，只有一马平川的平原，它有山有洞有奇石，每一座山每一个洞窟每一块奇石，都是一道美丽的风景。

金衢盆地毕竟是盆地，它不像有的山区只有穷山恶水，它有辽阔富饶的平原，因而物产丰富。从衢州的葱洞、观音洞新石器时代遗址出土的大量文物，证明在6000多年前，金衢盆地就有人类居住。他们与良渚、河姆渡的祖先一样，在这片土地上胼手胝足地辛勤耕作，养育了自己也创造着历史。

金华古属越国之地，秦时由会稽郡管，到三国时置郡，历名东阳、金华、婺州；衢州古为姑蔑国，鲁哀公十三年（前482年）曾参与过越国对吴国的战争。秦始皇时已设郡。唐武德四年（621年）设郡，因衢州在闽浙赣皖四省交界处，八方通衢，又因境内有三衢山，故名衢州。

1631年，徐霞客曾到金华、衢州一游，写下了有关游金华三洞和衢州的游记。据游记中载，有一日，他坐船来衢州，到常山后，“风正帆悬，又二里，过花椒山，两岸橘绿枫丹，令人应接不暇……又五里，为黄埠街。橘奴千树，筐篚满家，市橘之舟鳞次河下”。衢州种植柑橘的历史悠久，从后魏时就开始种植，宋、元、明、清时都是有名的柑橘之乡，柑橘的品种多达二十几种，如朱橘、绿橘、卢橘、金丸橘、豆橘、蜜橘、茶橘、漆碟红、金橘、衢桔、柚、香橼、文旦等等。徐霞客看到的景象至今仍在，一到秋天，连绵几十里的果园里挂满了黄澄澄的金华佛手，常山胡柚，衢州香泡、柑橘，那是何等的赏心悦目！

诸葛村

八咏楼

金衢盆地同时也养育出了一代又一代的杰出人才：“初唐四杰”之一的骆宾王，南宋“浙东学派”的吕祖谦、陈亮，宋代抗金名将宗泽，金元四大名医之一的朱丹溪，明开国文臣宋濂，清代戏曲家李渔，诗人艾青，科学家严济慈等。很有意思的是，他们都出生在小村子里，在那里成长、受教育。我的朋友谷馨总结过这些村子的特点：“村不大，傍着山；村依溪而建，溪穿村而过；有一座或几座桥；无论从哪个角度看，都可见青山绿树，闻流水如歌；有些古树名木，至少有一株树龄在500年以上；村中有祠堂，里面有古戏台；有的村外有牌坊；村里一定有曾在朝廷做过官的大户人家。”他的总结实在太精辟了，但少说了主要的一点：耕读传家。从前，这些村子都有私塾，每家每户都重视教育，连最穷人家的孩子也会苦读。如宋濂，小时家里穷，就到有钱人家去打工，然后借书抄来读。虽然有“读书做官论”的驱使，但因而也出了许多杰出人才，带动了这一带的文化经济发展。重视教育的传统一直传承到现在，升学率高，是浙江省教育非常发达的地区。

风景

风吹晴澜，倒映在水中的朱梁画栋时隐时现。这样华美的小镇，竟然会深藏在如此闭塞的大山深处。

盆地里的古村落

东阳卢宅——“民间故宫”

东阳市东郊卢宅村，有一个大宅子，名卢宅。这是一个很大的宅子，占地500余亩。这说明它的主人一定不是等闲之辈。卢家的祖先是姜太公的后裔，在南宋初，裔孙卢员甫迁居到了这里，世代聚族而居。卢家一直是此地的名门望族，从南宋，经元、明、清，历年不衰。明清两朝，登进士8人，中举28人，置身宦林100多人。卢宅始建于明景泰七年（1456年）至天顺六年（1462年）。后陆续兴建许多座规模宏大的宅第，形成了一个较完整的明清住宅建筑群。

30年前，我到东阳出差，诗友卢熙斌曾带我去过卢宅，那是他的老家。当时只觉得一进一进的，屋子多得数不清，住着许多户人家，但都堆满了稻草、农具和乱七八糟的东西。卢熙斌如数家珍地向我介绍，我至今一句都回忆不起来，只记住了它的又大又脏又乱。

1988年卢宅被定为国家重点文物保护单位，2005年列入世界濒危文化遗址。自此，卢宅开始了保护整修工作，搬迁出150多户人家。

为什么卢宅有“民间故宫”之说呢？那得从它的建筑规格和布局说起。

卢宅雅溪环抱，房屋数千间，以肃雍堂、树德堂为两条轴线，分方伯第、柱史第、大夫第、世进第、五台堂、龙尾第六组建筑，40余处园林、书院、寺庙道观及25座牌坊点缀其中。现存的从明景泰到民国初的20余座建筑，以肃雍堂为轴线，从第一仪门进入，中轴线南北全长320米，前后九进，与北京故宫的规格如出一辙。肃雍堂堂宽五间，高三层计10.6米，雕梁画栋，斗拱彩图，梁柱上有双龙戏珠，龙凤呈祥。前堂后寝，后五进为家族起居处，长140米，有雅溪有月塘花园，类似故宫的护城河和御花园。卢宅是我国唯一拥有九进的古民居。

东阳是“木雕之乡”，有千余年的历史，卢宅的建筑极大地体现了东阳木雕的最高水准，无论是门、窗、斗、梁、拱，还是室内的家具，都是巧构细接，精雕细刻。比如九龙戏珠三架梁，是用1.7米的整块樟木雕成。肃雍堂前厅和后厅的“勾连搭”，是东阳木雕的一绝，两个顶连在一起，中间设计一个“大沟”，可以流水。肃雍堂里原有300多盏花灯，现存一盏大堂灯，高4.5米，重255斤，用40万颗玻璃珠穿成，已载入吉尼斯世界纪录。

卢宅木雕

卢宅牛腿

屏风

牌坊

武义郭洞——生态古村落

郭洞村在武义县境内，它三面环山，一条清溪从村中流过。我和几个朋友去郭洞时，村子正在保护开发中，村里的何胜云先生原是金华一个文化单位的人，退休后，致力于保护郭洞的事情，可说是鞠躬尽瘁。

我们走过许多古村落，可从来没有见过像郭洞一样布局的。进村子要从古城墙下的古城门进入，古城门前有一对联："郭外风光古，洞中日月长。"一排高大的古树挡住了外面的风沙。进了城门，仿佛进入了世外桃源，小桥、流水、瓦舍，鹅卵石铺的小巷深处是鳞次栉比的明清古建筑群。

郭洞的先祖是宋朝宰相何执中。村落建于元代至元三年（1337年），根据北京白云观学仙修道宝图建造。砌城墙形成水口，建回龙桥聚气藏风，周边植树，挖七星井，形成"山环如郭，幽邃如洞"，故名郭洞。

郭洞古村

村东龙山上有整片的原始森林，面积100多公顷。山上泉水叮咚，林深鸟鸣，空气清新，珍稀树木如红豆杉、红楠、银杏、秃斑杜鹃等随处可见。许多古树都是建村时种的，已有600多年的树龄。很多地方的大树都在“大跃进”和“文革”中被砍伐殆尽，即使连大兴安岭、小兴安岭古树也留存不多，而偏偏一个小村子却将古树保存了下来呢？听何胜云先生说，原先紧挨村子的龙山每逢暴雨就会发生泥石流，冲毁房屋。村里就制定了一项严格的族规：凡上龙山砍伐一棵大树者，断其一臂；砍小树一棵，断一指；折一树枝，拔其一指甲。1958年大炼钢铁时，村里有几个农民斗胆拿着斧头去砍村口的树，谁知几斧头下去，一股强劲的水像消防龙头的水一样从树干里喷了出来，吓得那几个人赶紧跪下，以为是触犯了龙王爷。自此，村里人谁也不敢再去砍树。树们因而得以保住了性命，村民们也因而能永享树之荫庇。

兰溪诸葛村——九宫八卦阵

兰溪诸葛村原名高隆村，这高隆是否从隆中而来不得知，但这个村子里居住着诸葛亮的后代是千真万确。现全国有近2万诸葛亮的后裔，诸葛村占四分之一。700多年前，诸葛亮的第27世孙诸葛大狮选择了高隆，这里有八座小山环抱。诸葛大狮按他先祖诸葛亮的八卦阵设计了村子的布局，这八座小山就成了天然的外八卦阵形。村子中心

诸葛八卦村

的钟池；一半是水一半是地，两边各挖一井，寓意鱼形太极图的鱼眼。八条弄堂由钟池向四周辐射，沿巷的房屋自然归入八卦的坎、艮、震、巽、离、坤、兑、乾八个部位，为内八卦。诸葛大狮在临死时留下遗言：以后不能变动。所以，即使经历元、明、清的扩建和改造，村子一直保持700多年前的格局。

诸葛村现存209座明清民宅，有大堂11座：大公堂、丞相祠堂、崇信堂、崇礼堂、雍睦堂、大经堂、崇行堂、春晖堂、文与堂、燕贻堂、敦复堂。可见当年整个村子的辉煌。

诸葛大狮如此设计的理念，一定有他的道理。诸葛村在太平天国时曾遭

钟池

平凡人家

理发店

橘子红了

到破坏，全村的男人与太平军作战，最后只剩下三分之一，但村子保住了。其中，有一个原因是诸葛村的复杂格局，使得太平军最终退出村子。抗日战争时期，日本鬼子从建德到兰溪，经过诸葛村，却没有发现这个大村子，是因为有八座山包围着。

终于明白了诸葛大狮的良苦用心，他在用祖先的智慧保护他的子孙们。由此，我想到了如今的村子、城镇建筑，是多么缺少人文关怀和文化品位。

多年前，我和朋友们自驾车去诸葛村玩，在纵横交错的小巷里绕来绕去迷了路，怎么也找不到我们要去的地方。后来跟着一个旅游团走，才找到了丞相祠堂。在丞相祠堂，朋友的儿子抽了一根上上签，这年他考进了北京第一外国语学院。

廿八都——遗落在大山里的梦

仙霞山脉绵延千里，横亘在浙、闽、赣三省边界。去廿八都，要翻越仙霞山脉的崇山峻岭，山高林密，峰回路转。在被誉为“东南锁钥”的仙霞关和枫岭关之间，有一片开阔的谷地，枫溪潺潺流过，就到了廿八都。

廿八都至今保存着大量风格各异的清代建筑群（也有少量明代建筑），有的成片成片，有的整条街整条胡同。楼阁嵯峨，飞檐出挑，朱甍碧瓦，屋舍俨然。古镇四周地势平旷，良田沃野，被徐霞客称道过的美丽的枫溪穿镇而过。风吹晴澜，倒映在水中的朱梁画栋时隐时现。这样华美的小镇，竟然会深藏在如此闭塞的大山深处。

这要从1100多年前说起：唐末农民起义领袖黄巢挥戈南下，在浙、闽之间的崇山峻岭中开辟了一条仙霞古道。从此，这里便成了京城通往福建沿海唯一的陆上通道。

廿八都至今保存着大量风格各异的清代建筑群。

大山重围的廿八都就成了历代屯兵扎营之所，明代的郑成功和他父亲就曾驻扎在这里，至今留有他们“猎岭晴岚”的遗踪。到了明末清初，随着东南沿海经济的崛起，具有军事功能的千年古道逐渐成为商旅要道。溯钱塘江而上的船只装载着来自江浙的布匹、日用百货到江山的清湖码头靠岸，然后转陆路，由挑夫挑往闽、赣。从闽、赣来的土特产也要到清湖装船运往金衢沪杭各地。廿八都成了过往货物中转的第一站，一个必经的交通要道。这里商贾云集，百业兴旺，经济繁荣，人口剧增，成为浙闽赣三省边界重镇，整整热闹了数百年之久。这是当初黄巢开山辟路时万万没有想到的。

廿八都老建筑

随着各地的商家、手工艺人等等移民的到来，也带来了不同的方言、风俗习惯以及文化、建筑等。因而，廿八都成了一个移民小镇。小镇上有许多不同风格的老房子，走在深巷里，两边门楼一路看过去，觉得自己行进在一条融徽式、赣式、闽北客家式、浙式，还有西式风格于一体的建筑长廊中。现在镇上三四千人，就有140多个姓，是名副其实的“百姓镇”，而方言有十多种。

随着现代交通的发达，仙霞古道日渐衰落，廿八都不再是南来北往的必经之地，曾经护佑古镇免遭兵燹战乱的古时四大雄关——仙霞、枫岭、六石、安民，如今也像愚公门前的三座大山阻隔了小镇和外界的联系。但也因为这闭塞，而使古镇保持了它的原汁原味。（文/汪浙成）

老街

方岩雪景

盆地里的山与洞

方岩

“山不在高，有仙则名”。永康方岩正应了这句话。

离永康城25公里的方岩，属丹霞地貌，高400米，山体平地突兀而起，方圆3000米的一块巨石，像用刀削过一样，状如城堡，所以名方岩。周围有五座峰：鸡鸣峰、桃花峰、覆釜峰、瀑布峰、固厚峰。五峰下有一个五峰书院，宋代理学家朱熹曾在这里讲过学。五峰山下的环境非常幽静，林木葱郁，洞壑幽深，固厚峰下有可以容纳300人同时就餐的大洞，洞内冬暖夏凉。1939年，为躲避日寇，浙江省政府搬迁到此办公。

但是，人们去方岩，大多不是去看风景，而是去求签。方岩山上有个胡公庙，据说那里的签很灵验。我的外公年轻时很会赚钱，听说有时会坐轿子去赌博，但每年去方岩胡公庙朝拜必定步行。从萧山到永康，来回足足四五百里，可见外公对胡公大帝的虔诚。

胡公非神非佛，而是个人，姓胡名则（963~1039年），永康胡库村人，北宋太宗端拱二年（989年）进士。他继任太宗、仁宗、真宗三朝，可谓三朝元老。十次任杭州、温州、福州、陈州等地知州，六次出任江淮、广南的制轩发运使，还做过吏部、工部、刑部、兵部侍郎等。他为官四十年，清正廉洁。1032年，江淮大旱，饿殍遍地。胡则上疏，请求免去江南各地的人丁税，朝廷恩准了免衢婺两州的人丁税，两州百姓感恩不尽。他死后，人们在他少年读书的地方——方岩山顶立庙祀之。1164年，宋高宗赵构应百姓的请求，用“赫灵”二字作胡公庙的庙额。从此，胡则成了至高无上的“胡公大帝”，即成了仙。

1959年8月21日，毛泽东从庐山下来，经过金华，对永康的县委书记说：“你们那里不是有座方岩山吗？方岩山上有个胡公大帝，香火长盛不衰，最是出名的了！……他是北宋时的一个清官，他为人民办了很多好事，人民都纪念他。为官一任，造福一方，很重要啊！”因毛泽东对胡则的肯定，胡公庙是方岩唯一逃过“文革”浩劫的古建筑。

胡公庙在广慈寺院内，原名大悲寺，建于唐代大中四年（850年）。大悲寺的祖师正德禅师原在天台国清寺修行，一天，他外出云游，来到方岩，见此山祥云缭绕，状如卧狮，是修行的好地方。山高无路，他攀藤扶树到了山腰，被一悬崖挡住。幸亏见有一大洞，就在洞中住下。他四处化缘，在洞中塑了十八尊罗汉。经过多年的努力，终于在山顶建起了大悲寺。那洞现称为“罗汉洞”，洞里有一蛟龙泉，泉水终年清冽。

胡公庙又名屏风阁，建在称“狮子咽喉”的石洞中。这里长年香火鼎盛，求签的人络绎不绝。那次我们去方岩，同去的朋友的儿子正要考中学，她在那里求了根“上上上上”签，解签的说这是庙里最好的一根签，她高兴得赶快掏出50元给解签人。这签也真是灵验，她儿子果然考进了她很想让他进的外语学校。来方岩求签的人都抱着一个目的：求此生或来生的幸福。郁达夫游历过方岩后分析：宋儒喜利用山洞或风景幽丽的地方作讲堂，是想借自然的威力来压制人欲的缘故。但是，人欲何以压制得住？

方岩山上胡公庙，香火长盛不衰。

壁立万仞江郎山

江郎山一线天

江郎山在江山市城南25公里的江郎乡，景区由三爿石、十八曲、塔山、牛鼻峰、须女湖（青龙湖）等组成，面积11.86平方公里。2010年8月，广东丹霞山、湖南崀山、福建泰宁、贵州赤水、江西龙虎山、浙江江郎山捆绑申遗成功，共同成为中国的第八项世界自然遗产。丹霞地貌是中国土生土长的地貌学“国粹”，中国丹霞各红层盆地清楚地记载了白垩纪以来中国南方区域地壳演化的历史，是地球上一种特殊的自然地理现象和独特的自然区域，在全国有800多处，这6处是最典型的。丹霞地貌分老、中、青三种，江郎山是最老的代表。

江郎山最大的特点是孤绝和险峻。景区内最著名的是三爿石，三块巨石拔地冲天，高360余米，像三根擎天柱排成一个“川”字昂立于蓝天。传说古时候有三个姓江的兄弟登上山顶变为三大巨石而形成，所以名江郎山。这三块巨石名郎峰、亚峰、灵峰。郎峰上有明代理学家湛若水的摩崖石刻“壁立万仞”四个大字。巨石与巨石之间有缝隙，为一线天，高312米，长298米，最宽处4米，最窄处3.5米，是全国之最。造化的刀功似切豆腐一样利落，将一块巨石切成三块。缝隙里，有云穿过风穿过，天地灵气溢于其间。抬头望，那如用巨斧削平的石壁上有洞壑飞瀑，古树老藤，云雾缭绕，要爬上这三块巨石山真是要有点勇气。

过十八曲到开明禅寺。开明禅寺始建于北宋元丰三年（1080年）。寺庙的兴建源于一个真实的故事：公元944年，五代高僧仪晏在江郎山岩石龛（三爿石钟鼓洞）垒石塞门入定，一年后启定还世，素发披肩，红光满面。吴越国王赐号“开明禅师”。

寺后就是登山路，过烟霞亭穿过一线天上郎峰，有石砌的小路沿山壁而凿，盘山而上，仅容一人通过。郎峰的平均坡度有88°，最险的石阶与水平面夹角有90°。到了半山腰，爬山的人基本上是手脚并用往上爬。但越往上，山路越陡峭。壮着胆回头看，真是不看不知道，一看吓一跳：脚下是万丈深渊，远处是田畴万顷，我们就像一只壁虎一样趴在山壁上。我有恐高症，吓得脚立即发软，像要飘出去似的。和我同去的小夏在前面脸已煞白，吓得哇哇大叫，后悔不该上山。但这时已经没有退路，只有向上才

“丹霞第一峰”江郎山

有活路。我们在两个同伴的鼓励下，两脚两手匍匐着爬上山。现在已经回忆不起是怎么下的山，但上山的情景至今刻骨铭心。

白居易曾到过江郎山，但不得而登，怅然而归，因而遗憾地写下“林虑双童长不食，江郎三子梦还家。安得此身生羽翼，与君来往共烟霞”的诗句。徐霞客曾三游江郎山，他在《游九鲤湖日记》中曾这样写道：“二十三日，始过江山之青湖。山渐合，东支多危峰峭嶂，西伏不起。悬望东支尽处，其南一峰特耸，摩云插天，势欲飞动。问之，即江郎山也。望而趋，二十里，过石门街。渐趋渐近，忽裂而为二，转而为三；已复半岐其首，根直剖下；迫之，则又上锐下敛，若断而复连者，移步换形，与云同幻矣！”将江郎山的特点描述得准确生动。

江郎山被称为“丹霞第一峰”，是国家重点风景区。景区内还有霞客游踪、洞岩钟鼓、石大门、仙居寺剑瀑、浮盖山、景星山、峡里湖、须江瑶池、笔头峰、海螺峰、郎峰仙道、石隙奇观、丹霞赤壁、郎峰天桥、神女临江、月亮湖、洞天寿星等景点，值得一游。

浙中名山——仙华山

朋友项冰如家有一个山石盆景，几座钟乳石的石峰连在一起，一峰高过一峰，中峰骤高，有拔天之势。他称此盆景为“仙华山”。仙华山在浦江县城北约7公里处，为

仙华山是浦江人心中的圣山。

浙中名山。老项是浦江人，年少时出来求学后，就留在了杭州工作，至今早已退休，那盆景圆了他的家乡梦。

仙华山在浦江人的心中是一座圣山，因而有了黄帝轩辕的小女儿元修在山中修炼成仙的神话。后来又衍生为元修带着七仙女下凡，教当地人织丝、采药、祈雨，元修成了一个救苦救难的仙姑。仙华山上有一座为这神话建的昭灵宫，几千年来香火鼎盛。大概，这也是仙华山名的来由。其实，仙华山是在1.5亿年前的造山运动中形成的，大自然的鬼斧神工，用一场灾难性的毁灭而重新造就了一座峰奇岩秀的山。

仙华山多奇峰，有24座之多，其中以少女峰、仙坛峰、玉尺峰、玉圭峰、玉笋峰最为雄奇灵秀，称为“五笔插天”。仙华山更多奇石，“金龟”、“太上老君”、“母子双鹰”、“绿毛石猴”、“济公石”等，块块惟妙惟肖。峰和石的颜色很奇特，陡峭的岩壁五彩斑斓，还会随着季节和天气的变化而变幻色彩，这种丹流石壁在国内外都很少见。如昭灵岩，高100多米，长400多米，五彩的石壁上隐隐透出奔马、公鸡、骆驼等图案，像一幅天然的岩画。

上仙华山有东、西两线。西线，从昭灵宫右侧上，沿着蜿蜒曲折的山路到昭灵岩顶。在岩顶可纵目远眺，群山如黛、水库如镜、田园似画，浦阳镇环山夹水，如一座小

仙华山多奇峰

小的盆景。在昭灵岩东侧下，这里是东西线的交汇处，往上就是中天门，通往仙华山最高峰——720米高的少女峰。原来崖壁上有元代书法家赵孟頫题的“一览天宇空”五个大字，因风雨的经久剥蚀，如今已不复存在。

登上少女峰，可谓“一览众山小”。此时，站在巨石上，只见一团团云气从山脚升起，像一层层薄薄的轻纱在仙女的手中曼舞。那轻纱丝丝缕缕缠绕在山的腰间，山半睡半醒，似睡非睡，一副慵懒的样子。有时，那原来还在轻歌曼舞的云，突然像发了怒似的，汇聚成云的海洋，气势汹涌地从山谷中飞奔而来，顷刻间就淹没了所有的山峰。但不一会，又云开雾散，仍是山色如黛。刘伯温诗句“仙华杰出最怪异，望之如云浮太空”就是写这虚无缥缈变幻莫测的仙华云。如果你走运的话，还可以在山顶看到佛光，像峨眉山的佛光，一个七彩的光环，但这是可遇而不可求的事。宋末元初以先朝遗民自居的诗人方凤和爱国诗人谢翱，隐居在仙华山，都曾在他们的诗文中记录过见到佛光的情景。

从杭州去仙华山，可坐汽车到浦江，然后换小巴上山；也可坐火车到义乌，与山上的农家联系好，他们会派小巴来接上山。山上的农家都搞农家乐，包吃包住，一天只要几十元钱。在山上住两三天，第一天游东线，第二天游西线，买一张门票即可。

金华三洞

在离金华城区8公里的地方，有一座北山（也叫“金华山”），山的南坡有三个奇崛的溶洞。1631年农历十月初十，旅游家徐霞客曾在朋友瑞峰的陪同下，到此秉烛夜游，写下了5000多字的游记：“……一坠而朝真辟焉，其洞高峙而底燥；再坠而冰壶洼焉，其洞深奥而水中悬；三坠而双龙窍焉，其洞变幻而水平流。所谓三洞也，洞门俱西向，层累而下。……”

朝真洞

朝真洞又名真人洞，在海拔887米处，前临深壑，背依青山，相传是黄大仙修炼得道的地方。黄大仙名初平，东晋咸和三年（328年）出生于兰溪，家境贫穷，从小放羊。15岁那年，被教神农的雨师赤松子和与秦始皇说长生不老之事的安期生引入朝真洞修炼，一直修炼到500岁，得道成仙。他匡世济民，惩恶扬善，为老百姓喜爱。香港人将他奉为财神、保护神，据说是因为黄大仙的圣道传播到香港后，使一个小小的渔村变成了如今的国际大都市。

朝真洞

朝真洞洞门宽敞，像一巨大的石拱桥洞，往里走，“稍洼而下”，越走越黑。再往前，左边有一个洞穴如夹室，曲折细长，到夹室底，只听到水声滴答，用手摸，石隙却是干燥的，不知这水到哪里去了。从夹室里出来，再往下走，看见一巨石，这巨石就是石棋盘，相传是仙人弈棋之处。攀着巨石俯瞰，洞还很深。从石隙处往下爬，又是一个巨大的夹室，忽然有一缕半月似的光自天而下，像舞台上的聚光灯将洞穴照亮。洞顶有一条长达数丈的大石梁，上有无数千奇百怪的钟乳石悬挂着。

冰壶洞

从内洞出来，还有两个洞，左洞口小肚大似花瓶，右洞也口小肚大但尾长，似螺蛳，后人将此二洞命名为石花瓶和螺蛳洞。

冰壶洞

出朝真洞往下走二里许，就到了冰壶洞。冰壶洞洞口朝天，像一张巨人的嘴。在洞口，就觉得寒气逼人，洞深不见底。手扶着铁栏杆小心摸黑沿石级而下，轰轰的水声，如雷贯耳。只见洞的中央有一飞瀑从空中坠下，似一条巨龙咆哮着从山的身体里冲出。这水冲往洞底的石中突然不见了踪影。水流到哪里去了呢？

冰壶洞海拔580米，洞深80多米，因形似冰壶而得名。我曾去过冰壶洞，被那瀑布的气势惊呆，但走到洞底，却只见一汪很小的水潭。那么大的瀑布，从哪里来又到哪里去了？自然界的奥秘真是不可思议。宋代学者金履祥曾写诗赞冰壶洞：“洞外烟云肤寸合，洞中飞瀑百寻飞。壶中日月凭谁记，水自飞蒙云自归。”

双龙洞

从冰壶洞出来往下走一里路，就到了双龙洞。此洞有两个洞口，一朝南，一朝西。这里原来只有一个洞口，明万历年间，大水将崖石冲倾而有了南洞口。

双龙洞分内洞和外洞，外洞“轩旷宏爽，如广厦高穹”，像一个大会堂，可以聚集1000人左右。周围是石壁，顶上有钟乳石，有流水从洞里流出来，经外洞穿西门而出。在外洞和内洞之间，有一块巨大的岩石挡着，岩石离水面只有一尺许，要进入内洞，必须贴水而入。

我那年游双龙洞时，是坐小船进入内洞。两人一只小船，船两头系着绳子，当我们平躺在船中后，洞里的工作人员就开始缓慢地拉绳子。船缓缓地向里滑，越来越暗，山向我们挤压着，从我的鼻尖处擦过，随时都觉得这山要将我们压在下面，虽只有十几米的距离，却似穿越了地狱之门。我想，肚子大一点的或鼻子高一些的，一定会被削去。

进得洞内，突然眼前开朗，只见“石乳下垂，色润形幻，若琼柱宝幢，横列洞中”。在洞里，有一条青色的钟乳石从东北的洞顶蜿蜒而来，一条黄色的钟乳石自西北俯冲而至，像两条巨龙，所以此洞名“双龙洞”。

徐霞客游过三个洞后，曾有一总结：“朝真以一隙天光为奇，冰壶以万斛珠玑为异，而双龙则外有二门，中悬重幄，水陆兼奇，幽明凑异者矣。”我现在细想，这三个洞其实是北山山肚子里的一个整体，我们进入这山，就像走进了人的体内，心、肺、胃、肠，各个不一，而那水，就像人体里的血液在奔流。

其实，在徐霞客游三洞之前，就有许多文人墨客光顾过，李白、孟浩然、王安石、苏轼、李清照等都曾留下过诗文，这里成为景区已经有1600年的历史。

双龙洞

地下长河

迷幻的河——兰溪地下长河

谁也不知道这河从地层的何处流来，又是谁凿通山肚子里长长的河道。那源源不断的水如人体里的血液汩汩流淌，经年不息。这河是一个不解的谜，找不到答案。

乘着小船，我们就这样驶入迷幻的河。一会儿有冬的景色，雪钟冰柱悬挂；一会儿有天的辽阔，整片的白云下大鹏展翅。过一个弯道换一幕景，预测不到接下来会出现什么，眼前的景致新鲜而又虚幻。我不知道自己是在梦中还是在现实世界，我不知道自己是存在还是虚无。如此平静的山，竟然有如此丰富的内在。

此境此身此心，我想起了一首歌："在很久很久以前，你离开我，去远空翱翔……"歌里唱的是走向外面的世界，其实我们无须分离，无须走向远方，只要走向自己的心灵深处，走向彼此的心灵深处，就能发现美丽的人生风景线。

这就是兰溪地下长河给我的感受。

兰溪地下长河在兰溪市东郊的六洞山，全长2.5公里，弯弯曲曲穿行在山肚子里。这条河的水源在何处，至今都没有探明。

地下长河自唐宋以来就有游人到此，宋代诗人于石曾写有诗句："断崖怒涌四时雪，虚壁寒凝六月霜。"徐霞客也来过，但因为当时里面没有灯光，也就没能深入探寻。现在，地下长河已开发了1000多米，有800米可乘船观景。洞口有一水池，常年水温18°，冬暖夏凉。洞里分成涌雪洞、时间隧道和玉露洞三段游程，各种千奇百怪的钟乳石悬挂在洞壁。在2亿年以前的古生代二叠纪，这里是一片浅海。随着地壳的上升和构造运动，海中的珊瑚、海藻等生物沉积成石灰岩，溶洞就逐渐剥蚀而成。

我们的小船驶向山的深处……

龙游石窟之谜

龙游，春秋时称“姑篾”，已有2500多年历史。石岩背村，离龙游县城3公里，在美丽的衢江边，是一个背山面水的小山村。村后的山名童坛山，不高，山脚下有许多水潭，村民们常到水潭里抓鱼。1992年6月9日，村民吴阿奶和另三个人想将一个水潭里的水抽干抓鱼，但是，水抽了一天一夜都不见底。他们动用了四台抽水机，昼夜抽，整整花了17天，才将潭中的水抽干。龙游地下石窟群就这样被发现了。

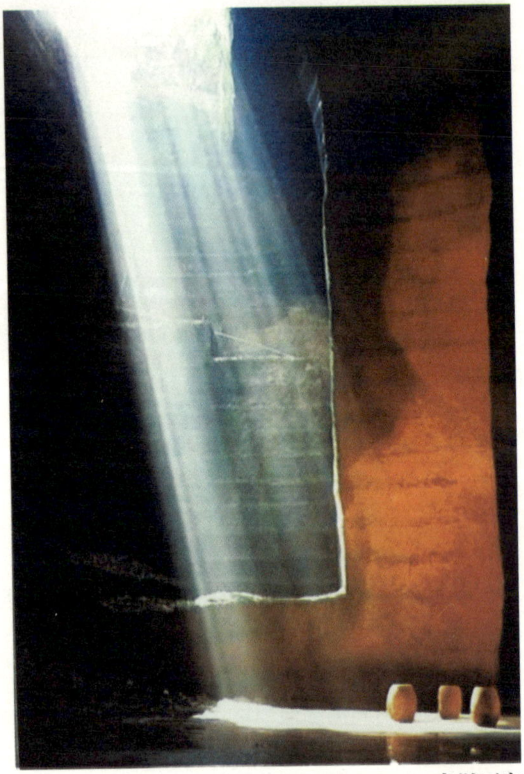

龙游石窟

山的肚子里有24个大小不一的人工洞窟，村民们世世代代在这里居住，竟然不知道它们的存在。

我和朋友们去的时候，石窟群中已开发出了5个洞窟。大的有上千平方米，小的也有几百平方米。每个洞口都成矩形，从宽大的石阶往下进入洞中，每个洞中都有几根大石柱撑顶，三四十米高，五六人合围粗，很像埃及神庙的大柱，这些石阶和柱子都是人工凿出来的。洞外的太阳光射进洞内，有舞台的效果。

为什么会在这里凿如此多的洞窟？有的说是采石，有的说是陵墓，有的说是屯兵，有的说是巨石文化，也有的说是外星人干的。我的朋友徐家麟在金华电视台工作，他是个UFO迷（飞碟迷），因而认为是外星人干的。而我就觉得是采石后留下的，就像绍兴的许多景点都是采石留下的。在衢江北岸，发现这样的石窟有50多个。古代运输主要靠水路，采石的地方必须近水，石块才能运出去。但我后来看到一些资料，石窟内的石料属红土积沉岩，很容易风化，不适合做石料。那么，采石之说也就不成立了。浙江大学的褚良才考证大量史料后说，龙游石窟最早开凿于西汉宣帝“边郡皆筑仓”时，是用于储备粮食、战备物资用的，隋朝时叫“北常平仓”。我觉得这种说法有一定道理。

众说纷纭的说法一直在争论，真是公说公有理，婆说婆有理。相信哪一种都可以，因为，人世间的许多谜都是解不开的。

往事

> **一个民族，无论经历怎样的动荡、艰难，只要精神不倒，必定能自立于民族之林。**

江南第一家

浦江境内，有一个郑宅镇，曾经有一个号称“东方奇迹”的中国式大家庭，鼎盛时期家族达3000余口人。每天黎明闻钟声即起，钟响四下，盥洗；八下，全体到祠堂聆听训诫。再分男女集体进膳，然后各就所业：8岁以上男孩入家塾，16岁入大学；成年男子从事稼穑、畜牧、园艺、运输以及管理等等；妇女机杼纺织。晚间碰头商议次日生产。雍雍睦睦，耕读传家，秩序井然，生生不息。从南宋建炎元年（1127年）开始，到明天顺三年（1459年），遭大火拆灶异居，先后绵延330年，比盛世唐朝还多了半个多世纪，成为中国家庭史上的奇迹。明太祖朱元璋封其为“江南第一家”。

郑宅

白鳞溪

“江南第一家”的郑氏宗祠前后五进，结构宽敞，风格古朴，主体建筑有序堂，是可容纳千余人的大厅，堂前古木森森。郑氏祠堂距今700余年，但从来鸟雀不巢，蚊蝇无迹。祠内一块块历代名人撰写的楹联匾额都清清爽爽，仿佛连自然界的虫豸蛇鼠都敬畏这声名显赫的礼仪之家。一说礼仪之家，脑海里立刻浮现出鲁迅笔下那害死祥林嫂的杀人礼教，但“江南第一家”并非如此。它内部实行共财聚食，一切生产资料归全族集体所有，个人不得私置田产、私积货财。60岁以上老人免去劳作，由宗族赡养。那时，古镇四周土地平旷，良田美池，古街古道，小桥流水，屋舍俨然，真正是武陵人的桃花源，也是我们心目中的共产主义。

“江南第一家”礼仪治家突出表现在家庭内部的人际关系上。明洪武十四年（1381年），胡惟庸案震动朝廷。有人检举郑家与胡有涉，刑部差人来当地拘捕。郑氏兄弟六人，竞相要求进京承罪。最小的弟弟郑湜，力排众议，毅然辞亲只身赴京。长兄郑濂死活不同意，“我居长，当任罪”，与弟弟抢着要锒铛入狱。事情传到朱元璋耳里，大为感动：“有人如此，岂肯从人为逆？”非但不治罪，还下圣旨，将郑湜提拔为福建布政使司参事，并封赐“江南第一家”，送“孝义家”御匾一块，至今挂在有序堂正中。下款有一行小字：江南风土薄，惟愿子孙贤。

郑宅镇的另一景点——孝感泉，在绕镇的白麟溪旁。这是当年首创合族同居的始祖郑绮的遗迹。据传，郑绮在当地是个有名的孝子，母亲患风湿病，瘫痪在床30多年，他“抱持以就便溲三十余载”，没有半句怨言。一年大旱，溪水干涸，病母却想喝溪水。郑绮在溪边“挖数仞仍不得泉”，急得他号啕大哭了三天三夜。上苍为之感动，地下突然涌出甘泉。

如今的孝感泉是全国重点文物保护单位，四周垒起石壁，上有一亭，保护水质。据说白麟溪大旱之年会水枯绝流，但一米之隔的孝感泉仍清水甘洌。

“江南第一家”自始祖以后，又出过几位有作为的贤德头领。领头人作表率，再加上一整套治家的好办法，莫说一个家庭，广而大之，一方地域、一个氏族，何愁不长治久安？（文/汪浙成）

“孝义家”御匾至今挂在有序堂正中。

江南第一家

八咏楼上话沧桑

公元1127年，金兵一举攻破北宋皇城东京（今河南开封），掳去了徽钦二帝和后妃、皇子、皇亲国戚等数千人，北宋灭亡。史称“靖康之难”。徽宗的第九个儿子，即钦宗的弟弟赵构，在河南应天府即位，改号“建炎”。

赵构即位后，在金兵的一路追击下，仓皇南逃，从河南逃到江苏，又逃到浙江，最后在杭州定都，建立了南宋王朝。当时，跟着赵构南逃的大批难民中就有著名词人李清照（1084~约1151年）和她的丈夫赵明诚。他们辗转流离，风餐露宿，赵明诚于1129年农历八月病逝，只剩下李清照孤身一人。她带着沉重的书籍和文物，继续随着皇上逃亡的路线南逃。1134年农历十月，李清照来到金华，投靠任婺州太守的赵明诚的妹夫李擢。她在金华住了好几年，在这里写诗、续写她和丈夫合作的《金石录》。后来，因为不堪孤独，嫁给了张汝舟。此人其实是因李清照的词名和想得到她的文物而结婚。再后来，因为李清照识破了他的目的，他就恼羞成怒，大打出手。但那个时代一个女人要离婚谈何容易，李清照就以张汝舟科举考试作弊犯欺君之罪告了官。这场官司判张汝舟发配柳州，李清照入狱，婚约解除。后来在朋友的帮助下，李清照只坐了九天的牢就释放回家。为了解除一纸婚约，竟闹出如此大的事件，这要多大的勇气啊！当时，秦桧的夫人是李清照二舅的女儿，但李清照与他们概不来往，即使在李清照的婚事最困难的时候，她也不去求这个表姐。

李清照在金华时，曾写过好几首脍炙人口的诗词，如《武陵春》、《打马赋》、《题八咏楼》、《打马图序》。

八咏楼

“风住尘香花已尽，日晚倦梳头。物是人非事事休，欲语泪先流。闻说双溪春尚好，也拟泛轻舟。只恐双溪舴艋舟，载不动许多愁。”（《武陵春》）

双溪晚春景色再好，也排解不了李清照对家事国事人生事的愁绪。双溪，即东阳江、武义江，它们交汇成婺江，在金华城脚下流过。这首词是李清照在逃到金华的第二年春天写的。

“千古风流八咏楼，江山留于后人愁。水通南国三千里，气压江城十四州。”（《题八咏楼》）

当时，李清照投奔李擢，住在金华酒坊巷陈氏第，离八咏楼很近。八咏楼是一历史名楼，原名元畅楼。此楼是南朝齐建武元年（494年）由东阳郡太守沈约建造。沈约当时已是著名的文学家和史学家，楼建成后，他曾多次登楼赋诗，写有《登元畅楼》及《八咏》诗，成为千古绝唱。唐代时，将元畅楼改名为八咏楼。李清照登上八咏楼，望今日千里江山破碎，不禁万分感慨。“江山留于后人愁”，不说自己愁，那一个“愁”字更加了得。《题八咏楼》不带一丝脂粉气，用豪迈的气魄表达了她忧国忧民忧江山的爱国情怀。

多年前，我曾在友人家麟的陪同下去登八咏楼。那一天，却是铁将军把门，管门的老头丝毫不肯通融，我们只好望楼兴叹。站在楼前的平台上远眺金华城，楼房林立，一派繁荣景象，但已没有了李清照在时的双溪景致，当然更没有了那一份愁情。

此楼从南朝建楼至今，几毁几建。1187年进行扩建；1312年楼毁于火；1372年又重造，后又毁；1573年又重建。现在的八咏楼是清嘉庆年间（1796~1820年）重建的，1984年进行了大修。楼前有一碑石凿着《重建宝婺观八咏楼记》，写得不错，其中有一句印象深刻：“至明燹于兵火，将谓天欲负斯楼也，孰意楼可没，咏总难没。”

不能登楼又何妨，因为那千古咏叹已深刻于心头。

衢州南孔庙

1130年，赵构皇帝被金兵追击向南一路逃窜，满朝文武官员纷纷随驾南渡。孔子的第四十八世孙、衍圣公孔端友必须护驾前行。临走前，他在先祖种下的桧木旁挖了棵小树苗，带上先祖孔子和先祖母亓官氏的楷木雕像，率领族人挥泪离别曲阜。这一对雕像，是孔子的学生子贡在为老师守墓的三年中，用孔墓旁的楷木雕成的，倾注着他对老师无限的爱和思念。

孔端友揣雕像，他的堂弟孔端躬携树苗，分路南逃。这一去，不知何时才能返回故里。

孔端躬与几个兄弟侍父一直随驾到台州，沿路只要一扎营，就将小树苗种下。因为他们有约在先，小树苗在哪里生根，他们就在哪里住下。一日，来到了磐安榉溪，父亲的病发作，他们就停了下来，赶快将小树苗种下。谁知父亲一病不起，直至去世。孔端躬含泪埋葬了父亲，去村边挖出小树苗，准备启程，岂料小树苗却已长出了根须。端

南孔庙

躬手拿树苗，对天长叹："此乃天意也！"从此，在榉溪旁安了家，在战乱中，一个官宦之家转型为耕读之家。

孔端友带领的一批人一路颠簸，逃到了衢州，这时，赵构已决定在杭州定都。孔端友原指望宋高宗能打回中原，自己也能重归故里，但已是不可能了。他只好决定在衢州建家庙，四处求助于朝廷和地方官府。朝廷赐田五顷，孔端友按照曲阜孔庙的形制建了南孔庙。从此，衢州成了孔子裔孙们世居、奉祀之地，被称为"东南阙里"。孔端友后来将衍圣公的爵位让给了曲阜的族弟，自己留在了衢州。

南孔庙坐落在衢州城里的新桥街，分孔庙、孔府、后花园三部分。孔庙坐北朝南，庙前有五六株古银杏，已有几百年的树龄。从"金声"、"玉振"、"棂星"、"大成"四个门进去，是祭祀孔子时歌舞的佾台，紧接着就是大成殿，上悬雍正手书的"生民未有"匾。大成殿里供奉着孔子像，两旁侍立着他的儿子伯鱼和孙子子思的塑像，楷木雕像也珍藏在这里。

在全国有许多孔庙，明清时就有1500多座，但只有曲阜和衢州的是家庙。我曾去过曲阜的孔庙、孔府，金碧辉煌犹如皇家宫阙，衢州的孔庙与之相比，就显得非常简陋。但是，在精神层面上，它们都是儒家文化的精神家园。我甚至认为，衢州的南孔庙担当的东西更多，因为，它是在战乱中建成的。一个民族，无论经历怎样的动荡、艰难，只要精神不倒，必定能自立于民族之林。

民间

> 许多民间艺术走了一条从开创、发展、兴旺到衰微的路，现代人是否愿意回眸过去的美？

火腿的来历

我的同学陈新中是磐安人，从前，他来杭州出差时，常会给我带只火腿来。这火腿一般六七斤重，不大不小，形似琵琶。切开来，肉色红润，香气扑鼻。磐安属金华地区，是金华火腿的产地。

做金华火腿很讲究，要用金华“两头乌”猪的后腿做，这种猪皮薄，肉肥瘦适中，经过上盐腌制、整形、洗晒、风干等工序，要经好几个月才能做成。听说在腌的同时放入狗腿会更香。我在农村插队时，隔壁的阿大姆妈做火腿就加入狗腿一起腌的，翻晒时拎进拎出要许多日子。冬天腌的火腿，到春天笋出的时候才吃，另外留一条腿到夏天“双抢”时吃。那时候，农民家家贫穷，有火腿吃的人家很少，火腿蒸蛋是一道非常奢侈的菜。

据说金华火腿源自于北宋抗金名将宗泽。宗泽（1060~1128年）是金华义乌石板塘人，战胜还乡时，乡亲们送了许多猪腿让他带回开封慰劳将士们。因为路途遥远，就将这些猪腿腌制晒干。腌制晒干后的猪腿肉颜色火红，就称为“火腿”，宗泽深情地叫它“家乡腿”。

吃金华火腿有讲究，它一般不当主菜，而是作佐料。蒸鲫鱼、炖鸡煲、烧豆腐，加入火腿后就香味四溢。当然，奢侈的可将火腿整大块洗净蒸熟切片，吃得过瘾。金华城有一道火腿蒸莲子，30年前我吃过，至今不忘。

金华火腿宋朝时就作为贡品，现在金华火腿远销海内外。

东阳木雕

我很小的时候就知道东阳木雕，因为我们家的家具上的雕花都是东阳木雕师傅做的。我妈妈出嫁时，外公给她做了一大套家具，一张床就花了一百个雕工。这张床的表

木雕里的民间故事

佛像木雕

面刻满了各种民间传说、历史故事和花鸟，八张太师椅背上刻着历史人物，我记得有程咬金等。“文革”时，怕椅子被“破四旧”，父亲就用刀刮去。大姐夫写得一手好字，就在上面写上毛主席语录。我外公那年代，东阳木雕在民间很盛行，造房子、做家具，都要有雕花。越有钱，做得越精细。那时候的东阳木雕师傅，都背着行囊，整年在外面打工，为各地的人家雕刻。

东阳木雕始于唐，至今已有千年历史。到明代盛行雕刻木板印刷，东阳就逐渐成为木雕的产地。至清乾隆年间，东阳木雕已闻名全国，北京故宫修缮时，东阳曾有好几百名工匠进京，他们为皇宫制作龙椅龙床龙案和宫灯。现在的故宫里，还保存着许多那时制作的东西，但东阳木雕主要还是用在民间的建筑和家具上。

东阳木雕是以平面浮雕为主，有薄浮雕、浅浮雕、深浮雕、高浮雕、多层叠雕、透空双面雕、圆木浮雕等，题材都是历史和民间故事以及花鸟虫鱼。我妈妈的那张床上这些特点都有，各种人物和花卉鸟虫生动有趣，并疏密有序，层次丰富，重叠但不混杂。只是清洗时很麻烦，要用一支小牙刷一点点地刷去嵌在里面的灰尘。

东阳木雕又称“白木雕”，因为它不涂色彩和深色漆，保留原木的天然纹理和颜色。木材采用香樟、椴木、白桃木等，我们家的八仙桌和箱子等都是用香樟木做的，用天然漆漆过，年代越久，光泽越亮。

东阳曾经出过三个著名的木雕艺人，人称“三杰”，他们是杜云松、黄紫金和楼水明，分别被称为“雕花皇帝”、“雕花宰相”、“雕花状元”。现在的主要传承人是陆正光等。2006年，东阳木雕被列入我国第一批《非物质文化遗产名录》。

东阳木雕不是实用的手艺，它只是锦上添花的民间艺术，但在盛行期，基本上每家每户都会用到它。想想，那时候我们的前辈们是多么爱美有情调呀！房子上刻人物，家具上雕花，抬头低头，眼前都是艺术品，多养眼。可是，现在东阳木雕也与其他许多民间艺术一样，走了一条从开创、发展、兴旺到衰微的路。现代人是否不再爱美？

浙南人文地理

ZHENAN RENWEN DILI

浙南包括丽水地区（缙云、青田、遂昌、松阳、云和、龙泉、景宁畲族自治县、龙泉市）和温州地区（温州市、瑞安、乐清、永嘉、洞头、平阳、苍南、文成、泰顺）。

浙江的地势由东北向西南阶梯式往上，先是平原，再是丘陵夹着盆地，到了最南部，就是崇山峻岭。丽水地区在浙江最南部，从缙云开始，到与福建、江西接壤的庆元，一路都是千米以上的群山盘结。这里有华东最高峰龙泉凤阳山的黄茅尖，海拔1929米；有庆元县的浙江第二高峰百山祖，高1856.7米，山上生长着第四冰川纪的孑遗植物冷杉，是世界上绝无仅有的“活化石”。温州地区属丘陵地带，许多县都靠近东海，但仍有许多大山，著名的雁荡山脉绵延几百里，那里的泰顺县被称为“浙江的西藏”。温州虽是港口城市，但从前陆路交通不好，没有铁路，只有一条公路通往省城杭州，所以一直有天高皇帝远的感觉。

浙南一直是浙江最贫困的地区，也称“南蛮之地”，在古代，是朝廷用来惩罚贬谪官员的地方。即使在20世纪70年代，交通仍很不方便，到温州、龙泉去，都要坐十几个小时的汽车，到泰顺、文成去，得花两天时间。狭窄的碎石子铺成的盘山公路，一边是大山，一边是峡谷，汽车蜗牛似的爬行着，扬起一路灰尘。到达目的地时，人都成了刚从土里钻出来的土拨鼠。但是，闭塞并不能妨碍那里人们的生活，他们依然日出而作，日落而息，他们依然发明、创造、劳动，过着自食其力悠然自得的日

楠溪江畔民宅

缙云河阳村现存的十八间古宅，建于清道光年间，庭院深深，迂回曲折。

缙云河阳村是个千年文化古村，其古民居建筑群规模庞大，江南罕见。

子。谁能想得到，就在这个闭塞的地区，竟有3项世界级非物质文化遗产，它们是：龙泉青瓷、乐清细纹刻纸、泰顺庆元的廊桥。还有许多项国家级非物质文化遗产，如龙泉宝剑、青田石雕等。中国有26项世界级非物质文化遗产，浙江占7项，而7项中浙南就有3项，这不能不说是一个奇迹。非物质文化最大的特点是不脱离民族的生活生产方式，是民族个性、民族习惯“活”的显现，以声音、形象、技艺为表现手段，并以身口相传作为文化链而得以延续。也就是说，要长久地保持一种生活生产方式，才能传承下来。也许就是因为闭塞，不受外界的干扰和诱惑，浙南才保留住许多民间的技艺。

到了温州，却是另一番景象，你会以为到了另一个世界：温州人讲着全世界人都听不懂的方言，满大街是打扮得与省城杭州不一样的非常时髦的漂亮女人，她们身材小巧，腰杆笔挺，一个个像是歌舞团的演员。到了夜晚，五马街上灯红酒绿、商贩林立。那个年代，全国人民都是禁欲主义者，而温州人却已懂得享受生活。怪不得周恩来总理说，要知道资本主义吗？就去温州看。在社会主义计划经济一统天下的年代，温州人已偷偷摸摸在搞民营经济了。

现在时代不同了，温州的民营经济成了“温州模式”，被全国各地争相借鉴学习。温州人被称为“中国的犹太人”，有几百万人在全国和全世界打工经商。这是因为闭塞而成全了温州？还是因为特别开放而造就了温州？

进入21世纪以后，去温州、丽水地区有了高速公路和火车以及动车组。因为交通的发达，浙南经济更加迅猛地发展。但愿浙南人仍然能坚持自己的生活生产方式，永远让世人瞩目。

河阳村独具一格的民宅

雁荡山里的杨梅

缙云仙都，果然有仙界缥缈的气息。

风景

楠溪江的美，美在它清澈见底的水，美在它两岸的恬静，美在它于商品经济大潮中还保持着的那份中国农村原始的美。

仙都

缙云是浙南一个偏僻山区的穷县，却有名为“仙都”的风景。

仙都风景区离缙云县城7公里，在练溪东西两岸，两岸有奇峰72座。这些奇峰被云雾蒙上了一层薄薄的轻纱，像许多的神仙在一起聚会，有的慵懒地坐着或卧着，有的站着，互相在窃窃私语，清澈的练溪水在洗濯他们的双脚。怪不得连唐玄宗都会说：“这是仙人荟萃之都也。”并亲自写下“仙都”二字。从此，仙都闻名于世。

仙都最有名的是天柱峰，高约160米，像一根顶天立地的柱子直插云霄。它又名鼎湖峰，峰顶有一小湖，湖被苍松翠柏掩映，传说有黄帝轩辕炼丹鼎，因而命名。唐代

仙都天柱峰

诗人白居易曾到过缙云，有诗赞鼎湖峰："黄帝旌旗去不回，片云孤石独崔嵬。有时风激鼎湖浪，散作晴天雨点来。"

白居易诗中"黄帝旌旗去不回"一句，是有说法的。缙云氏是黄帝时代的一个氏族，《史记正义》里说："黄帝'号曰有熊氏，又曰缙云氏，又曰帝鸿氏，亦曰帝轩氏。'"缙云氏的后代们一直奉祀黄帝。在鼎湖峰对面，涉溪过磴步，有一座气势恢宏的黄帝祠，是缙云人祭祀黄帝的地方，原名缙云堂，始建于东晋成帝咸和年间（326~334年），是中国古代南方人祭祀始祖黄帝的场所。东晋诗人谢灵运曾到过这里，写有《名山记》，文中记录："晋（缙）云山旁，孤石屹然，高三百丈，顶有湖，生莲花。""孤石干云，可高三百丈，黄帝炼丹于此。"

为什么在1600多年前就有黄帝在此炼丹的传说呢？据学者们考证，缙云氏这一氏族因在尧舜时主张世袭，反对尧不将部落酋长的位子让给儿子丹朱而给了舜，因而与尧发生了冲突。缙云氏只得离开中原，流徙到这个偏僻的山区，他们把关于黄帝的传说也带到了这里，更沿袭了祭祀黄帝的传统。唐朝初年，这里建县，以缙云氏部落的名字命名缙云县。

读书人到仙都，不能不到独峰书院。独峰书院正对天柱峰，在练溪西面，是宋代理学家朱熹曾经讲学的地方。1182年，朱熹来到缙云仙都，一是为看风景，二是为等待朝廷批复自己弹劾唐仲友的奏章，其间为当地的文人学士们讲课。1228年，人们在天柱峰下为他建了礼殿，纪念他曾经到过仙都讲学。1267年，又扩建为独峰书院。可见朱熹的理学在那个年代有多么盛行！

北雁荡奇峰

峨眉山、乐山、日月山、天山、千山、长白山、五台山、泰山、黄山、庐山、张家界、龙虎山、武夷山、五指山、玉龙雪山……我曾攀登过无数的名山大川，见识过许多奇峰怪石，但觉得再没有比温州北雁荡的山峰更神奇的了，可称世界一绝。

雁荡山系绵延120多公里，有南、北、中、西、东之分，但以北雁荡的风景为最。北雁荡处于白垩纪古火山活跃地带，2.5亿年以前，火山爆发，从海里蹦了出来的，因而山体多呈独具特色的峰、柱、墩、洞、壁等奇峰怪岩。又因地处东南沿海，雨量充沛，所以山中多飞瀑流泉和清潭。主峰百岗尖海拔1150米，山顶有湖，湖中芦苇丛生，结草为荡，南归的秋雁会在此休养生息，故而名雁荡山。

北雁荡山在温州乐清境内，从杭州去那里，从前只能坐汽车，要十几个小时。现在有了高速公路和动车组，只要三四个小时就到。车快到北雁荡时，在空阔的天穹下，远处耸立着一座状似身披袈裟、双手作揖的老人的山峰。车子转弯了，它似乎也跟着在转；车子越来越向它驶近，它的形状越来越清晰，似一个慈眉善目的老僧在欢迎远道而来的客人。它在这里已经站了千千万万年，还要一直站下去，将人们迎进雁荡山。这就是雁荡山大门口的“接客僧”峰。

雁山烟云

进北雁荡山，基本不用走山路，因为雁荡的山峰都是从海平面拔地而起的，我们只要抬头仰望，就能领略到它们的雄姿和奇崛。北雁荡有奇峰102座，如独秀峰、玉女峰、双鸾峰、金鸡峰、展旗峰、双笋峰等等，似兽似人似禽，栩栩如生，不用导游介绍，听名字就知道像什么。雁荡另有瀑布18处之多，最著名的是大龙湫、小龙湫和三折瀑。大龙湫高190米，随着季节、水量、风速、晴雨的变化，会呈现出不同的风姿，有时如怒涛倾注，有时如银河倒挂，有时又如珠帘低垂、烟雨蒙蒙。清代的袁枚有一首《大龙湫》诗："龙湫之势高绝天，一线瀑走兜罗绵。五丈以上尚是水，十丈以下全是烟。况复百丈至千丈，水云烟雾难分焉。"写出了大龙湫优美的气势。北雁荡还有洞壑46个，其中的观音洞在合掌峰中，合掌峰状如巨大无比的合十手掌，掌缝里有洞，洞高100米，倚岩建佛楼九层，洞口有天王殿，377级石磴直达观音殿，殿旁有一洗心泉，水清冽甘甜。唐代高僧善牧曾在洞中修行。

游雁荡，白天看了山看了水后，不管有多疲累，晚上还得坚持着出来看风景，当然，在有月亮的夜晚为最佳。

月亮升起时，这里的山峰似乎都活起来了。那"犀牛望月"岩在灰蓝色天幕的映衬下，显得如此逼真。它已等了多少万年，愿望实现了，它终于看到了月亮，它昂着头痴痴地看着，我们也昂着头看着。头顶上，一只大鹏正展开巨翅，仿佛欲俯冲下来，

雁荡夫妻峰

雨后的雁荡山如同仙境

黑黝黝的身子被月色剪影，这就是雄鹰峰。郭沫若曾写有一诗赞此峰：“雄鹰踞奇峰，清晨化为石；待到黄昏后，雄鹰看又活。”峰随步移，景随步变，我们转一个角度再看时，雄鹰峰却不见了，只见一对巨大而浑圆的乳房高耸在夜幕里，那是雄鹰峰变的。再变换一个角度，它已成了夫妻峰，像一对热恋或久别重逢的男女正热烈地拥抱，全然不顾那么多双眼睛在观看。它们实在太高大了，我们仰着脖子，活像小人国的人。这原来都是白天的合掌峰变的。白天时，我们曾像小甲虫似的在山的夹缝里爬上爬下，还以为自己来到了如来佛的掌心里，为求得健康平安或其他心愿而虔诚地烧香拜佛。在山峰的面前，人是那么的渺小。

徐霞客曾三次到过北雁荡，面对这些奇峰异嶂，他感慨道：“欲穷雁荡之胜，非飞仙不能。”台湾诗人余光中游了北雁荡后也感慨道：“雁荡山的地势变化多姿，隔世绝尘，自成福地仙境，远观只见奇峰连嶂，难窥其深，近玩却又曲折幽邃，景随步转，难尽全貌。”

秋雨，楠溪江

雨开始下起来，开始不停地下着。

在一片雨雾中等待，等待有扁舟或竹筏渡我们去水的那边。

远处，狮子岩在下日川前溪中，似蹲似卧，似动似静；而山，若隐若现，若即若离。只有眼前的水是清晰的，清晰得纯真，清晰得亲切。

等待着，有黑白相间的小鸟飞来，掠过溪水，栖于溪滩上的卵石。我踱步于溪水边，将双脚浸入水中。雨丝丝洒在肩头，我的睫毛和视野内的一切景物全被雨水濡湿。我感到无限的快活，有白鹅戏水之快感。

雨不停地下着。溪边石埠上，有三五个姑娘撑着伞在洗衣服，好似几朵鲜花盛开在雨中。湿漉漉的捣衣声，划破宁静的空气，向远方传去，又从远方反馈回来。

我们终于坐上了竹筏。竹筏由十几根粗毛竹并联串成，一头高高翘起，像古代人穿的鞋履。撑筏人握一根长竹竿，作桨又作舵。我们的欢乐全系于他的手中。

竹筏顺流而下，水相随而下，两岸的凤尾竹一丛一丛地摇曳着，也相随而下，只

有白墙黑瓦的古村落留在了岸上。溪面宽阔，溪水平浅，见得到五彩的鹅卵石和小鱼儿从竹筏下滑过。

竹筏顺流而下，滑下一个浅滩又一个浅滩，心里的快乐时时涌起，只想大声喊叫，只想大声歌唱，只想跳进水里洗个痛快。

远处，在灰蒙蒙的雨雾里，有一只摆渡船停靠在溪滩边。摆渡人身披蓑衣，抽着旱烟坐在船头，等待着要过溪的人，可四周没有一个人影，烟火明明灭灭。“千山鸟飞绝，万径人踪灭。孤舟蓑笠翁，独钓寒江雪。”我仿佛置身于柳宗元这首诗的意境中。

那一年秋天，我和几个朋友在雨中游楠溪江的镜头，从此定格在我的心中。

楠溪江在温州永嘉境内，绵延三百里，有七十二湾三十六滩。它的源头在永嘉最西北面的大青岗山，那里悬泉瀑布飞泻，有一龙凤大瀑布落差有200米。楠溪江江水清澈见底，两岸茂林修竹，云岚重叠，古村隐隐。沿江有七大景区：岩头、大若岩、石桅岩、北坑、水岩、陡门、四海山。重要的景点有百丈瀑、九石门台、芙蓉三崖、藤潭瀑、陶公洞、石桅岩、太平岩、狮子岩、苍坡村、芙蓉村等。

楠溪江的美，美在它清澈见底的水，美在它两岸的恬静，美在它于商品经济大潮中还保持着的那份中国农村原始的美，融天然山水、田园风光和人文景观于一体，被誉为“中国山水画摇篮”。

村民穿过珍溪（楠溪江支流）去河对岸劳作。

远上山村石径斜

楠溪江两岸还保存着许多古窑址、古墓葬、古牌坊、古村落等。古村落是很值得一去的。苍坡村，是个李姓村，在五代时建，南宋时按“文房四宝”的布局重建。东西街细而直，为“笔街”，村西有状如笔架的一座山，刚好借景。村里的两个水池为“砚池”，有两条青石搁于池边，为“墨”；整个村庄就是一张“纸”，人们每日的生活就记录在这张纸上。岩头村是以水利设施巧妙布局的，始于宋，竣工于明代。引溪水进村，一路建有8个涵洞，2个水闸，5个人工湖，灌溉、生活、观赏，一水多用。沿水建300米的长廊，形成商业街。芙蓉村是“七星八斗”布局，全村呈正方形，四周用卵石砌长2000米、高2米的寨墙，像一座小城堡。现村中还有明清故居30多所。

往事

谢灵运郁闷的心情在山水中变得开朗、平和，写下了许多描述山水，又寄托心怀的山水诗，留下的90多首诗中，有三分之一是写永嘉或与永嘉有关的。

孙诒让与玉海楼

浙江在清代有四大藏书楼，除文澜阁为皇家藏书楼外，其余三家都是私人藏书楼。这四座藏书楼所藏之书都各有重点：文澜阁藏《四库全书》，天一阁多明版地方志，嘉业堂以木版印刷称世，玉海楼则多名家批校本、地方文献和孙诒让父子手批校本。

玉海楼在温州瑞安城内，穿过台门，进入天井，是一座二进三轴、东西各四宅、主楼五间的重楼。飞檐斗拱，阴阳合瓦，坐北朝南，三面环河。玉海楼集藏书楼、民居和私家园林于一体，是典型的江南晚清官宦人家的建筑，建于1888年，占地约8000

玉海楼兼住宅与藏书，除供自家阅读外，也对外开放。

孙诒让纪念馆

客厅中堂

孙诒让雕像

平方米，初时藏书八九万卷，由孙衣言和孙诒让父子创建。南宋学者王应麟有著作《玉海》，孙氏父子以此书命名藏书楼，比喻书“如玉之珍贵，若海之浩瀚”。

孙衣言（1814~1894年），字劭闻，号琴西，清道光三十年（1850年）进士。咸丰六年（1856年）时，咸丰帝移跸圆明园时，孙衣言为翰林侍讲，和上书房的翰林们都住在澄怀园，为皇家子弟授课。咸丰八年（1858年），孙衣言外放安庆。安庆在太平军手里，洋人因《天津条约》已签订，可出入自由。这是一个无职无权的守土官，主战的孙衣言只能无所作为。咸丰九年（1859年），心力交瘁的孙衣言带着家眷辞官回乡——回到老家瑞安。

孙衣言的二儿子孙诒让（1848~1908年），曾跟着父亲在京城度过童年时代。孙诒让从小聪慧过人并勤学好读，9岁时，兰贵人（后来的慈禧）因听闻小诒让的聪明博学，召见他，当廷听他讲《周礼》，赐他“江南才子”之称。同治六年（1867年），孙诒让中举人，但一生没走仕途，只在家中潜心经籍、著书立说。清末的

玉海楼收藏的古籍印版

朴学大师俞樾曾为孙诒让写过一副对联："到老不离文字事，所居合在水云乡。"孙诒让一生著作颇丰，著有《周官正义》、《墨子间诂》、《周官政要》、《契文举例》等30多部，成为一代大儒、经学大师。

孙诒让的一生处在鸦片战争和辛亥革命前夕阶段，这是一个激烈动荡、受尽外侮、中国封建体制摇摇欲坠的时期，有良知的先知先觉的知识分子开始寻求救国的真理。孙诒让是这一批知识分子中的佼佼者。他从长期研究的《周礼》中去找治国方略，他认为："中国开化四千年，文明程度最高的莫过于周朝，而《周礼》精确详细地记载了周朝治国的章法，其内容与当今西方各国的治国方略是相通的，可惜我们中国自此以后固步自封，闭关锁国不思变革，才导致今日屡受凌辱国破人亡的局面……"他提倡教育救国、实业救国，创办瑞安算学书院、瑞安方言馆、永嘉蚕学院、瑞平化学学堂、温州府学堂、温州师范学堂等，他曾任浙江省教育总会会长，并担任瑞安商会会长。

玉海楼建于1888年，那年孙衣言74岁，孙诒让40岁。此楼兼住宅与藏书，里面的9万多卷书大多是孙衣言当官时用俸禄在民间收购来的，另有一部分是师友所赠，还有一部分是孙氏父子借抄私家藏本，用木版刻录后亲自校勘，这些都是永嘉学派的著作。玉海楼的书除供自家阅读外，也对外开放，这是一般私人藏书楼做不到的，它对发展地方文化起到了极大的作用。

永嘉太守谢灵运

谢灵运（385~433年），浙江上虞人，中国山水诗鼻祖。他的祖父谢玄在东晋淝水之战中立下赫赫战功，任前锋都督，车骑将军。谢家在南京是豪门贵族，但谢灵运从小却寄养在钱塘杜明师道馆，当时有风俗，认为太聪明的孩子难养大，要拜和尚为师，或送寺院寄养才能免灾，因而一直到15岁谢灵运才回到南京，小名"客儿"。谢灵运的父亲虽然天生愚笨，但他却娶了王羲之的外孙女为妻，生

谢灵运像

下了聪明绝顶的谢灵运。祖父谢玄视他若掌上明珠，《宋书》称谢灵运“少好学，博览群书，文章之美，江左莫逮”。

谢灵运15岁回到南京乌衣巷后，与另一豪门王导家的子孙们一起玩耍，过着锦衣玉食奢华风流的生活，这样的日子整整过了6年。18岁时就袭封了祖父的爵号“康乐公”，食邑二千户。21岁时，谢灵运进入仕途，历任晋、宋两代琅琊王司马参军，豫州刺史刘毅的记室参军，北府兵将刘裕的太尉参军等。刘裕在公元420年逼迫司马德文禅让，即皇帝位，成了南北朝时期刘宋王朝的开国皇帝，东晋灭亡。刘裕上台后，吸取了前朝士族豪强挟主专横的教训，采取了抑制士族势力的强有力措施，谢灵运因而被降为“康乐侯”，食邑500户。南朝宋永初三年（422年），又从建康（南京）降到永嘉任太守。这一年，谢灵运37岁。

江心屿

那时的永嘉郡比现在的温州还大，相当于温州和丽水的大部分地区，但是，因交通的不便，经济不发达，仍属南蛮之地。一个世袭的官宦子弟，从繁华的都城来到这冷僻的山区，并且是一降再降，内心的落差是可想而知的。离别建康（南京）时，谢灵运心情很不好，亲友们都到码头送行，后来他将离别时的心情都写在了《邻里相送到方山》和《永初三年七月十六日之郡初发都》中。出了京城后，他先来到了老家上虞东山，祖父谢玄在他4岁时就已去世，葬在了东山，太叔公谢安在他出生的那年去世，也归葬东山。他祭完祖，告别乡亲，遂坐船沿浦阳江到富春江，再走陆路，经义乌、东阳、缙云，再坐船从瓯江直到永嘉。一路风光无限，谢灵运郁闷的心情在山水中变得开朗、平和，写下了许多描述山水，又寄托心怀的山水诗。在当永嘉太守期间，谢灵运的足迹遍布永嘉的山山水水，他一生著作颇丰，有20多卷，但大多遗失，留下的90多首诗中，有三分之一是写永嘉或与永嘉有关的。他最有名的《登池上楼》就是在永嘉写的，这首诗是他在永嘉生病时写的，写他远离都市、亲人的孤独，空怀鸿鹄之志的惆怅和深深的思乡之情，诗中的“池塘生春草，园柳变鸣禽”成了千古名句。谢灵运喜欢登山，常与三五好友一路登山，一路吟诗。为了登山方便，他还发明了“上山则去前齿，下山去其后齿”的“谢公屐”。那时的人都穿木屐，日本的木屐就是从中国传过去的。

南朝宋景平元年（423年），谢灵运称病提前离任。他走的那天，永嘉的许多老百姓到北亭送行，谢灵运很是感动，他在《北亭与吏民别》中写道：“贫者阙所赠，风寒护尔身。”表达了他的感激之情。谢灵运在永嘉的一年，除了游历山水外，还做了大量的工作，他重教化，兴郡学，修水利，鼓励农桑。他亲自到白石去视察水利，见当地台风的灾情严重，就决定修长堤：“千顷带远堤，万里泻长汀。”在《白石岩下径行田》诗中，充分表达了他关心百姓疾苦的心情：“小邑居易贫，灾年民无乍。知浅惧不周，爱深忧在情。莓蔷横海外，芜秽积颓龄。饥馑不可久，甘心务经营。”他对养蚕业非常重视，曾带领老百姓种桑树，为此写过一首诗《种桑》。他还亲自到郡学去讲课，要学生们树立远大的抱负，有《命学士讲学》诗为证。

谢灵运虽然在永嘉只当了一年太守，但这一年，在他的一生中具有非常重要的意义，可以说，是永嘉造就了他成为山水诗的鼻祖。由心而生，有感而发，谢灵运是我国第一个将山水和心情融合在一起的诗人，他扭转了东晋的玄言诗风，开创了自然清新、情景交融的山水诗派。

离开永嘉后，谢灵运回到老家东山隐居，前后两次隐居共六年。在隐居期间，他走遍了会稽、剡中、四明、天姥的山山水水。老家东山是他心灵的归宿地，山水是他一生心情的寄托物。

谢灵运只活到49岁，死得很惨，南朝宋元嘉十年（433年），以“谋叛”罪在广州被杀。但他的一生非常辉煌，他以他创造的山水诗彪炳世界。

在温州有许多纪念他的地方，如谢池巷、池上楼、江心屿的谢公亭、雁荡山的谢公岭等。这里特别要提到的是江心屿的谢公亭。江心屿是瓯江中游的一个孤岛，相当于湘江的橘子洲头。它最初的出名，就是因为谢灵运到此游玩过后写了“乱流趋正绝，孤屿媚中川。云日相辉映，空水共澄鲜”这一诗句。唐代时，在岛上建了江心寺，寺门前有一副对联特别有意思：“云早潮，早早潮，早潮早散；潮常涨，常常涨，常涨常消。”像是文字游戏，但很贴切地写出了江心屿在瓯江中云涌潮涨的美景。历代著名的诗人李白、杜甫、孟浩然、韩愈、陆游、文天祥等都到过这里，并留下了诗文。后人在江心屿上建了谢公亭，还建了文天祥祠，纪念他俩。岛上还有东、西两座塔，东塔建于唐咸通十年（869年），西塔建于北宋开宝二年（969年）。登塔可以远望江海一色，白帆点点。

民间

> 远远望去，龙窑宛如一条条苍龙从山上蜿蜒而下，把头伸进江中喝水。到烧窑时，漫山遍野火龙飞舞，那是多么壮观的一道风景！

隐在深山里的生活方式

龙泉宝剑

龙泉，在浙江西南浙闽赣交界的大山里，原名龙渊。东晋时是松阳县的一个乡，名龙渊乡。唐武德三年（620年），唐高祖李渊得到了一把七星龙渊剑，因避讳“渊”字，改名为“七星龙泉剑”，龙渊乡改名为龙泉乡。唐乾元二年（759年），建龙泉县。

传说这七星龙泉剑由春秋战国时铸剑鼻祖欧冶子和干将联手铸造，干将是莫邪的丈夫，莫邪是欧冶子的女儿，三人都是铸剑名师。《越绝书》记载，欧冶子曾为越王

勾践铸过五把名剑——湛庐、纯钧、胜邪、鱼肠、巨阙，距今已有2600多年。春秋战国时期，国与国之间战争纷呈，冷兵器发达，剑是战场上决胜的利器之一，越国当时盛产宝剑。

公元前492年，越王出师伐吴，请楚王出兵支持，以宝剑作为交换条件。欧冶子受命为楚王铸剑。湛庐山的资源已经铸不出好剑，欧冶子很是焦急。是晚，他梦见一白发老者对他说："你可到秦溪山麓铸剑。"此时飞来一白鹤，欧冶子骑上白鹤，来到了古木参天、山泉清澈的秦溪山。梦醒后，他和妻子与女儿莫邪，翻过九九八十一座大山，从福建来到了龙泉，找到了秦溪山，即龙泉的凤阳山。凤阳山最高峰1929米，是浙江最高的山。这也许只是个传说，但龙泉盛产铜、铁矿石，是铸剑的好材料。

龙泉宝剑为何如此有名，不仅仅是因为欧冶子的传说，还因为它具有其他剑不能比拟的优点：坚韧锋利，削铁如泥。我曾亲眼见过一铸剑师傅将6枚铜板一剑劈成两半，而剑刃丝毫不锩。他还将日本产的剑与龙泉剑对打，那日本剑剑刃一会儿就缺了口子，而龙泉剑毫发未损，光亮如前。龙泉剑有一种软型剑，可卷曲成腰带，束在腰中，解开后又挺直如松。龙泉剑的剑身上都刻有七星和龙，这是制作龙泉剑的绝技。铸剑工不用描图，用一把钢凿在剑身上直接刻凿，刻好后浇上铜水，打磨平后永不消退。龙泉宝剑寒光逼人，即使埋在土中几千年，取出擦拭后仍光鉴照人。这是因为龙泉有一种特别的"亮石"，宝剑在上面磨过后就寒光闪闪。

龙泉宝剑的制作非常复杂，从原料到成品，须经过炼、锻、铲、锉、刻花、嵌铜、冷锻、淬火、磨等20多道工序，其中淬火最难，稍不慎就成废品。而磨剑全靠手工，一把剑有时要磨好几天甚至数月，剑的亮光全是磨出来的。湖北荆州的望山墓群曾挖掘出一把越王勾践剑，长55.7厘米，重875克，剑上用鸟篆铭文刻"越王勾践，自作用剑"，光鉴照人。

龙泉剑有长锋剑、短剑、手杖剑等多种，剑鞘大多用龙泉产的花梨木做。

龙泉宝剑列入我国第一批国家级《非物质文化遗产名录》。

青瓷之乡

我的二姐大学毕业后分配到浙江最南面的龙泉山区教书，一去就是十多年。龙泉在山里山湾里湾，要坐十多个小时颠簸的汽车。她每次回家探亲，因晕车，都会一路吐得蓬头垢面脸色蜡黄。即使这样，一到家，就会从行李包里拿出许多件龙泉青瓷，有各式花瓶、滴壶、盆碗，摆得我家的八仙桌如瓷器摊。

只知道景德镇是中国的瓷都，其实，龙泉瓷器要比景德镇早几个朝代。龙泉青瓷在西晋时就开始烧制，到宋元进入鼎盛。龙泉在宋代是中国最大的瓷业中心，龙泉哥窑是宋时五大名窑之一。南宋时，龙泉窑就烧制出了晶莹如玉的粉青釉和梅子青，达到了它的顶峰。杭州的南宋官窑就是从龙泉哥窑而来，因而所有的特征都一样。

龙泉青瓷分哥窑和弟窑。哥窑制品黑胎厚釉，在釉面上用墨汁涂上再擦去，就显影出千变万化的碎裂纹，并且瓷器的边缘呈现金丝铁线。哥窑很难烧制，特别是优质品更难得，所以大多只供皇室使用。弟窑是白胎厚釉，有青如玉、明如镜、薄如纸、声如磬的特点。

关于哥窑弟窑有一个传说：兄弟二人都烧窑，弟弟嫉妒哥哥比他技术好，有一次，就偷偷在哥哥的釉料中加了些草木灰。哥哥的窑开了后，一看，釉面全开裂了，各种不同形状的裂纹布满瓷面。用水一盛，幸好不漏水。哥哥就将这些瓷器挑到市场上去卖，谁知被一抢而空，人们都非常喜欢这种有碎裂纹的瓷器。从此，人们称这种瓷器为哥窑，另一种青釉的为弟窑。这其实是一个同行相妒的故事，说明那个时候制瓷业竞争激烈。但很多时候，坏事往往会变好事。

西晋龙泉青瓷

我家的青瓷

龙泉青瓷的发祥地在大窑，800多年前这里“瓷窑林立，烟火相望，江中运瓷船舶往来如织”。到明末清初，逐渐转移到浙闽交界的上垟。这里有丰富的瓷土，傍溪靠山。从龙泉县城到上垟，有九九八十一个弯，从不晕车的我也坐得晕乎乎的。上垟有好多个龙窑，大多建在沿溪的山坡上，一般有四五十米长，最长的有近百米，分窑头、窑室和窑尾。头在下，尾在上。远远望去，宛如一条条苍龙从山上蜿蜒而下，把头伸进江中喝水。到烧窑时，漫山遍野火龙飞舞，那是多么壮观的一道风景！哥窑必须要用龙窑才能烧制得出，尽管如今科技很发达，但这国粹是科技制造不出来的。据说日本的经济间谍曾想偷龙泉青瓷的技术，他们偷了些瓷土和釉料，回去研究后，知道是不可能复制的，因为这些原料只在龙泉有。龙泉青瓷的釉是纯天然的，没有铅毒。

龙泉青瓷在宋元时就已出口海外，1976年，在韩国的道德岛海域打捞出一艘元代的沉船，里面有元代瓷器1.7万多件，其中龙泉青瓷有9000多件。

龙泉青瓷在2009年9月30日被列入《人类非物质文化遗产代表作名录》。

泗溪北涧桥

廊桥不遗梦

中国有四大古名桥：赵县安济桥、泉州万安桥、海阳广济桥和汴河虹桥。这汴河虹桥是木拱桥，在清中期就已倒塌，但它却永存在北宋画家张择端的名画《清明上河图》中。在许多个世纪以后的1980年，桥梁专家们在泰顺发现了明清时的32座叠梁八字木拱桥，与失传的汴河虹桥如出一辙。

泰顺，被称为“浙江的西藏”，山高水远，皇帝都管不着。在这重峦叠嶂、交通闭塞的大山里，怎么会有北宋中原盛行的木拱桥？是因为宋南渡后，将建桥技术带到了浙江？但是，据《泰顺分疆录》记载：“三座桥最古，道光年间重建……拆旧瓦，有贞观年号。”“贞观”为唐代年号。三座桥在洋溪、洲岭间的小溪上，长32米，有桥屋11间。那就是说，泰顺的木拱桥比汴河虹桥建得早。

泰顺的木拱桥比汴河虹桥漂亮是确切的，因桥上建有廊屋，有的将廊屋漆成红色，远望像一座宫殿凌空横跨在水上。泰顺人从前一直称木拱桥为“蜈蚣桥”，八字形的四只脚趴在溪的两岸，中间的廊屋像蜈蚣的身子。美国电影《廊桥遗梦》在20世纪80年代曾风靡中国。影片中那一座毫不起眼的像木隧道一样的廊桥，与泰顺的木拱桥比，真是小巫见大巫，没法比。就在那个时候，泰顺的木拱桥正式定名为廊桥。是否受到了电影的启发，我不得而知。

泰顺廊桥

桥上建廊屋，有它的许多实用价值。山区多洪水，洪水来时，会冲走桥，建上廊屋，可压桥，增加桥的稳定性。廊桥更是乡民们的社交场所，无论刮风下雨，一年四季都可在这里谈天说地，冬天不怕风吹，夏天不怕日晒。桥上可设小摊做买卖，还可供路人休息。廊桥上一般都设有佛龛，供乡民们祭祀用。各路神仙都可能来这里，如观世音菩萨、门神、茶神、尉迟恭、秦琼，还有天帝、文昌星、赵公明、陈十四夫人、麻仙姑等，只要叫得出名的想得到的，至于祭什么神，就看乡民们的爱好了。这真是典型的农民实用信仰。

其实，在浙江的许多地方都建有廊桥，只是在泰顺和庆元较多。我曾见过武义的熟溪桥，此桥建于南宋开禧三年（1207年），明隆庆四年（1570年）重建。1942年，日军占领武义，拆掉桥上的廊屋架设铁路，将武义的萤石盗运出去。1945年抗战胜利，当地第一件事就是修复熟溪桥。1986年又重修。我去的那年是2000年，不久，报载《屹立800年，轰然一瞬间》，原来在6月23日，熟溪桥被特大洪水冲塌四个桥墩，轰然倒塌。8个月后，在全县人民的共同努力下，熟溪桥重现英姿。

在32座泰顺廊桥中，有6座在世界桥梁史上占有重要地位，它们是泗溪“姐妹桥”（北涧桥、溪东桥）、三魁薛宅桥、仙稔仙居桥、筱村文兴桥、垟溪乡和洲岭乡交界的三条桥。但是，这些桥历经几百年的风雨，大多已摇摇欲坠，保护整修成了一个很大的问题，大多由当地百姓自己筹资修整。廊桥最多的泰顺、庆元都是浙江的贫困县，没有足够的资金来保护。有一天，廊桥可能真的会成为一个曾经的遗憾的梦。2009年，由浙江、福建联合申报的中国木拱桥传统营造技艺列入《急需保护的非物质文化遗产名录》，廊桥投入了世界保护的怀抱，这真是一件值得庆幸的事。从此，廊桥将不会遗梦。

泽雅四连碓

去过温州泽雅风景区，那是一个山清水秀的地方。也许是好山水看得太多了，至今回忆起来，仍想不起它的模样，但那古老的四连碓却时常出现在我的记忆中。四连碓在泽雅北斗山脚，山旁有一条龙溪流过。这是一个由四只大轮子组成的水碓，顺流分四级，水渠长约200米，水碓已经有600多岁。元末明初时，福建南屏人为避战乱来到了泽雅。泽雅山区多水多竹，南屏人善造纸，他们又重操旧业，开始在泽雅做南屏纸。他们利用水流动时的力量推动轮子，从而将处理过的竹子捣成纸浆，制成南屏纸。

做土纸用毛竹，他们先将砍来的毛竹劈开斫断，扎成一捆捆，浸泡在装满清尿和石灰的腌塘里，到竹子的纤维都露出来时，就放到捣臼里捣烂。这捣臼的木杵比男人的大腿还粗，用手捣不动，村外的溪里就做了水碓。这水碓可捣纸浆，也可舂米。纸浆捣烂后，就放在清水池中，然后用筛网兜起，一层薄薄的纸浆粘在上面，待稍干后撕下，再放到窑里烘干。这就是那时候用的草纸，粗粗的厚厚的，南货店包食品和上茅房都用的这种纸。还有一种佛事用的黄纸，可折元宝做祭祖烧的纸钱。

龙溪流过四连碓

泽雅在明初时有数千人从事造纸，因此到处都是水碓、纸坊，后来竟然有了水碓坑和水帘坑的地名。泽雅因而又名“纸山”。到民国时，泽雅有近10万人造纸，占当地人口的80%，经济收入的85%，可见当时的盛况。

浙江的农村曾经有许许多多的水碓，随着科技的发达以及工业化进程的迅速发展，水碓早已和水车一样成了落后的农耕时代的象征，被淘汰出局。泽雅四连碓经历600多年的风雨能保留到现在，也真是一个奇迹。它像一位历史老人，见证着泽雅曾经有过的辉煌，怪不得被称为“中国古代造纸术的活化石”。2001年，四连碓被定为国家重点保护文物。

碗窑村的古戏台

在苍南桥墩镇境内，玉龙湖河谷，有一个依山而建的小村，叫碗窑村。几百年前，这个小山村就以制碗而闻名遐迩。

明末清初，福建连城的巫氏等先民为避战乱，一路逃亡到了浙江苍南的深山里。当他们来到玉苍山下的南坡蕉滩，觉得这里山明水秀，恬淡宁静，就住了下来。靠什么生活呢？他们又操起了烧制陶瓷的旧业。后来，这里慢慢形成了一个村子，繁盛的时候人口达4000多，有40多个姓氏。他们主要生产瓷碗，尤以青花最有名。几千个人在一个村子里制作陶瓷，龙窑就有18座之多，但仍供不应求。从莒溪到飞云江，再进入东海，客商们将碗窑村制作的碗远销到闽粤赣皖鲁，直至海外。清乾隆年间达到了极盛。

那时候，村子里客商云集，生意兴隆。为了让客商们在这偏僻的山村不感到寂寞，村民们集资造起了戏台。现在村子里还有一座美丽的戏台，几百年过去了，风采依旧。高高的戏台上，南音婉转咿呀，把人世间的悲欢离合演绎得催人泪下，主人和客人一起为舞台上的英雄好汉拍手叫好。当年每个月要唱两次戏，一年几十次的演出，每次都如碗窑村在过盛大的节日。

村子里，现在还保留着300多间清初的民居，戏台对面是三官殿。三官殿里最引人

苍南碗窑村

古戏台

注目的是13个藻井，它们是螺旋形的，形状各异，在古建筑中极为少见。藻井层层描绘了当时盛行的12支南戏中的人物、花草、诗词等。

2009年夏天，我和巧艳、小晴天从玉苍山下来，绕路去了碗窑村。如今，碗窑村已经不再制碗，村民们大都出外打工挣钱做生意，只有一些老、妇、幼留守着，人们的生活方式在发生着巨大的改变。但那些已经破残的老屋、古戏台、石头路、龙窑，都在向人们述说着它昔日的辉煌。

乐清细纹刻纸

乐清的细纹刻纸为中国剪纸中南宗的典型代表，因而浙江除中国传统蚕桑丝织技艺、龙泉青瓷传统烧制技艺、中国篆刻、中国木拱桥传统营造技艺外，又多了一项“非遗”。

乐清细纹刻纸以精细见长，艺人能在一寸见方的纸上刻出四五十根线条，有的甚至能刻出70多根，就如头发丝一般，一幅碗口大的细纹刻纸要10多天才能刻成。

乐清细纹刻纸已有700多年的历史，俗称“龙船花”。一张龙船花一般为10~20厘米见方，分三层，最外层多为传统的花卉飞鸟、葡萄松鼠、莲花鸳鸯等；中间面积最

大，上刻如葵花形、人字格、双喜形、鱼鳞纹等60多种细纹，是最见功夫的。这龙船花就是张贴在龙灯四周的刻纸。乐清地处沿海，昔日常有倭寇侵犯，明末清初时，有36位抗倭勇士壮烈牺牲。人们为了纪念他们，做了像船一样的龙灯，上列36位勇士的牌位。每年春节，人们抬着龙灯，敲锣打鼓，游走于大街小巷，以示悼念，这风俗延续到现在。

细纹刻纸的技艺较难掌握，一般要数十年的雕刻功夫才能创作出精美的作品。因而，在清代时，就有专业的剪纸艺人。到1925年时，全县有63个专业剪纸艺人。

随着时代的前进，商品经济的大潮冲毁了多少优秀的传统艺术，如何保护就成了至关重要的问题。乐清虽然在经济大潮的前沿，但对保护这一世界遗产，也做了非常多

的工作。1985年，乐清成立了剪纸研究会，经常组织对外交流、创作活动。2003年，乐清特殊教育学校建立了乐清民间工艺教学基地，学习和研讨细纹刻纸艺术。乐清还相继成立了乐清龙船花细纹刻纸研究所、乐清象阳工艺刻纸有限公司、林邦工艺美术研究所、乐清余华细纹刻纸研究所等，对细纹刻纸进行不断的创新，让细纹刻纸走入市场。有了传人，有了市场，细纹刻纸就会一代一代传下去。

1998年，乐清细纹刻纸在全国民间艺术博览会上，被誉为“中国一绝”；2006年列入国家第一批非物质文化遗产，乐清的剪纸艺人林邦栋和陈余华为此项文化遗产的代表性传承人；2009年与中国剪纸一起列入《人类非物质文化遗产代表作名录》。

青田石雕

青田石雕是国家级非物质文化遗产，2010年的上海世博会，有石雕艺术大师们刻的12件作品参展。青田有许多国家级的工艺美术大师，如倪东方、牛克思、陈长青、林如奎、张爱廷、林福照等。倪东方大师的家我去过，那简直就是一个艺术馆。他历年来得过各种大奖的作品以及各类石头章放在锃亮的玻璃柜里，在灯光的衬托下，满屋子透着艺术的气氛。我的大学同学徐祖敏曾任青田县文联主席，他来杭州时，常会给我带几块青田石章来。我因不懂，也不太有兴趣，会马上转手送人。以后认识了青田的青年才俊夏季风，他也送过我好多雕刻好的青田石，我也同样转手送人。记得有一块石头是三色的，暗红色的做底座，中间绿色的刻成荷叶，最上面白色的刻了一只青蛙。那年上海的赵丽宏陪韩国作家许世旭来杭州玩，许世旭送给我一条汉城奥运会的围巾，我就将此石头送给了许世旭。后来才知道这是用封门三彩石雕的，好的封门三彩石如恐龙蛋，外皮暗紫红，里面是淡绿的冻，比田黄石还珍贵。直到后来，我因学国画，需要印章，青田的文联主席李青葆请人给我刻了几枚，我才开始慢慢去认识了解青田石。

我国出产许多名石，其中以巴林石、鸡血石、田黄石和青田冻石最名贵，称为“四大印章石”。青田石有灯光冻、兰花青、封门青、黄金耀、竹叶青、金玉冻、白果青田、封门三彩、皮蛋冻、酱油冻10类108种。

青田石的发现很偶然。相传古时候，青田山口村有一个青年，有一天上山砍柴，砍刀不小心砍在一块石头上，竟然劈下了一小块。捡起一看，此石晶莹剔透，非常漂亮。他将此石块磨成石珠，给女儿做项链。村民们都觉得很好看，就纷纷上山去采石。这就是青田石的来历。

青田石雕刻工艺始于六朝，题材以花鸟鱼虫、人物山水为主，手法有圆雕、镂雕、线刻、高浅浮雕等。在龙泉双塔内发现的五代吴越国的青田石雕佛像，说明那时候的青田石雕工艺已经在题材和造型上有了新的突破。到了宋代，开创了“多层次镂雕”，这是青田石雕的一大特点，是许多石雕艺术很难做到的。在清代，青田石雕成了贡品。乾隆皇帝八十大寿，60枚一套的“宝典福书”印章，就是用青田石刻的。以后，青田石雕远销国外，曾参与国际上许多大赛，1915年在美国太平洋万国博览会上获奖。

青田石是中国印章石的主流，据光绪《青田县志》记载：“赵子昂取吾乡灯光石作印，至明代石印盛行。”元代画家赵子昂（孟頫）第一个用青田灯光冻石治印，从此开始了青田石与文人墨客的近千年缘分。明代的文彭，有一次在南京西虹桥偶遇一个卖青田石的人，因青田石石质细腻、软硬适宜，他立即购买了四筐。这些青田石使他得以施展治印才华，最后成为一代篆刻宗师。

美味敲鱼

20世纪70年代，周恩来总理说：“要看资本主义，就去温州。”温州曾经是一个反面教材。现在，温州人成了全国人民发家致富的榜样，真是时代不同了，观念也不同了。

温州人会赚钱，但也很会享受生活。30多年前，我去温州出差，就发现温州的女人个个小巧笔挺，穿着许多大城市里都没有的衣服款式，打扮得非常时髦。而五马街的夜市生意兴隆，窄窄的街道两旁摆满了各种好吃的在杭州没有的食物，其中有一种名叫“敲鱼”的，鲜美无比。

敲鱼是温州独一无二的食物。做敲鱼很复杂，先将鳗鱼或鮸鱼切成块，拌以生粉，然后用一个如手榴弹一样大小的木槌在砧板上不停地敲击。在敲的过程中，要不断加生粉，以免鱼肉沾在木槌和砧板上，还得不断将鱼肉翻身，使厚薄均匀。这鱼肉敲好后，可摊成薄饼切丝，也可用汤匙舀着一个个放入沸水煮，再配以姜丝、葱花、香菇丝、火腿丝、鸡蛋丝、榨菜丝等作料，加水煮熟。

关于敲鱼有一个传说：有一个老和尚去福建取经，不幸葬身鱼腹。小和尚知道后，就带着念经时用的木鱼去师父遇难的地方为他超度。七七四十九天后，海面上突然浮起了许多黄色的鱼。小和尚想起师父走时穿的是黄袈裟，就认定是这些鱼吃了师父。他恨死了这些鱼，就将它们打捞上来，剥皮去骨，用木鱼使命敲击，方解心头之恨。船工们发现将这些敲好的鱼肉切成丝做汤，竟然鲜美异常。从此，温州就有了敲鱼这道美味。

现在黄鱼价贵，就用肉质细嫩的鳗鱼和鮸鱼做，也一样鲜美。到温州，这碗敲鱼你不能不吃，不然，简直就是没到过温州。

海岛人文地理

HAIDAO RENWEN DILI

浙江的海岛分属舟山、宁波、台州、温州四个地区管辖，我却把它们单独拎出来介绍，是因为它们的共性和个性——与内陆不同的海岛特性。

浙江在东海有3061个岛屿，岛的数量为全国之最；大陆海岸线和海岛岸线长达6500公里。浙江的海域还有我国最大的渔场——舟山渔场，盛产黄鱼、鲳鱼、带鱼、梭子蟹等。

在3000多个岛屿中，2000多个是不住人的。住人最多的舟山岛是我国第四大岛，5000多年前就有人居住了。先人们是怎样漂洋过海到那里去谋生的呢？是从跨湖桥出发，还是从河姆渡出发？我们不得而知，但他们肯定是划着独木舟去的。毛利人划着独木舟去新西兰是在1000多年前，而我们的

先人在5000多年前就去舟山群岛了。几千年来，他们以大海为耕地，一次次抵御住肆虐的台风和外族、倭寇的侵略抢夺，在岛上艰难而又快乐地繁衍生息，将一个个小岛打理成自己精神的家园。

只要去过海岛的人都知道，每一个海岛都有海浪、沙滩、礁石、海风、海鲜，这也是海岛之所以让那么多内陆人向往的原因，到海岛旅游休闲成了一种时尚。但是，每一个小岛都是一个生命体，都是有个性的，无论是舟山群岛、台州列岛、南麂列岛，还是洞头列岛。如果我们能更加深入地去了解它们，我们对先人的崇敬和对生活的感恩之心会油然而生。

嵊泗姐妹沙

嵊泗东海大桥

近30年，世界和中国都在发生着根本性的变化。随着城市化建设的发展，中国的农耕格局正在逐渐改变，海岛也不例外。这些年来，渔业资源越来越枯竭，海鲜大都靠养殖，越来越多的从前被全村人视为英雄的船老大都弃船上岸，许多的渔民都搬到城里去居住了。我曾去过的东极岛，岛上的许多渔民为了孩子的上学，都搬到了沈家门去住，从此放弃了祖祖辈辈的捕鱼生涯。嵊泗县这些年实行了“小岛迁，大岛建”的决策，现25个住人岛中有9个已全岛迁移到大岛，建起了新村，一种崭新的生活和生产模式形成：生活在城里，生产基地仍在岛上。原来传统而原始的渔猎生活方式已在悄悄地远去，我不知道孰好孰坏，但生活总是要顺势而变的。

2006年，浙江省出台了一项有关无人岛可以私人租赁开发的政策，当时，就有几个经商的人签下了几个小岛的租赁合同。他们想在岛上建各种旅游项目，最后搞成像马尔代夫一样的著名休闲度假的小岛。伟大的计划还刚刚在起步，但愿他们不要半途而废，理想成真，而我们这些终日庸碌的人也就有了更多的放松心情来寻找诗意的去处。

风景

> **月亮下的大海，如此静谧又神秘，宁静得像个熟睡的孩子。天、海、人要合为一体了，仿佛就要羽化，现实中的一切烦恼都离我们远去。**

海天佛国——普陀山

普陀山是舟山群岛1390个岛中的一个小岛，面积约13平方公里，但它却名扬四海。因为它与五台山、峨眉山、九华山并称为我国四大佛教名山，是观世音菩萨的道场。

普陀山四面环海，形似苍龙卧海，必须坐船进入。在沈家门上船，或在朱家尖坐快艇，一会儿工夫就到了普陀山码头——短姑道头。这短姑道头有来历：相传有姑嫂

不肯去观音院

二人横渡莲花洋来朝山进香，船靠码头时，不巧小姑月经来潮，自愧不洁，不敢下船入山。嫂嫂短（责备）其无福朝圣，就让她在小船里等，自己独自进山拜佛。时近中午，潮水大涨，小船与岸相隔，小姑坐在船中，饿得发慌。此时，只见一村妇拎着饭篮走到码头边，向潮水里投下一些石块，踩着这石块来到小姑的船上，说是其嫂托她捎来的，说罢，放下饭篮便离船而去。过了不久，其嫂进香归来，小姑说了村妇送饭之事，但嫂嫂并没托人送饭，很是奇怪，忽然想起刚才拜佛时，瞻仰莲座，只见观音大士衣裾湿了一片，心里顿有所悟，原来这是观世音菩萨化身村妇为小姑送饭。因嫂嫂曾在码头"短"其姑，因而后人称此码头为"短姑道头"。

紫竹林

从短姑道头上岸后，有许多的中巴车去各景点和旅馆。去普济寺、法雨寺，可沿着朝山香道一路走，两边林木森森、黄墙黑瓦。从前，朝山香道是一条石板坡路，每三四块石板中就刻着莲花莲叶浮雕，每一块的图案都不同，许多香客就是沿着莲花石板三步一拜虔诚地前往寺院的。现在有柏油马路直通寺前，可坐车前去。但是，我还是喜欢从前的小路，它让你在朝圣以前有一定的仪式感，才会在神的面前肃然起敬而产生敬畏。一个对任何事物都没有敬畏的人是可怕的。

普陀山的佛教历史悠久，作为观音道场初创于唐代，是全国最著名最灵验的观音道场。在清末时就形成了三大寺、八十八禅院和一百二十八茅庵的规模，寺院无论大小，都供奉观世音菩萨。每逢农历二月十九、六月十九、九月十九（即观音菩萨的诞辰、出家、得道日），各地信徒都会聚到这海天佛国，通宵达旦地诵经礼佛，寺院里香烟缭绕。我在普济寺的大殿里就曾看到过许多男女在为遇难的渔民做超度佛事。渔民的生命是悬在桅杆上的，出海捕鱼时，他们不能掌握自己的命运，任由大海摆布。所

普陀山是观音道场，寺院无论大小都供奉观世音菩萨。

以，他们只得寻求依靠，寻求大慈大悲的观世音菩萨保佑。也许这就是普陀山成为观音道场的真正原因。

唐咸通四年（863年），日本和尚慧锷来到中国五台山，与五台山方丈成了好朋友。有一天，慧锷在后院看见一尊檀香木雕的观音像，爱不释手。方丈见他如此喜欢，就说："既然法师喜欢，就送你供奉吧！"同年，慧锷就捧着观音像坐船从宁波出发回日本。船开到了普陀莲花洋，突然海面刮起了大风，风高浪急，船撞在了一块礁石上，开不动了。此时，海上漂来一朵朵铁莲花，将船团团围住。那天夜里，慧锷噩梦连连，怎么也睡不踏实。难道是观世音菩萨不想去日本？慧锷赶紧向观音菩萨像祷告："菩萨要去哪里，我就去哪里，您如不肯去日本，我就将您在此安身。"刚一祷告毕，船竟开动了。帆船顺风漂流，来到了普陀的潮音洞旁。慧锷将菩萨像捧上岸，在一户张姓的渔民家停下。张家人也信仰观音菩萨，愿意献出一间屋子供奉，并将此屋取名"不肯去观音院"。慧锷从此就留在了岛上，一直到终老。据说自从观音像上了岛后，渔民们出海安全多了，是观音菩萨在保佑他们。

以后，草房变成了砖房，砖房变成了小庙。小庙后面种了紫竹林，紫竹是观音菩萨的象征，因而不肯去观音院改名紫竹林。因为观音不肯去日本而留在了这小岛，普陀被称为"观音菩萨的道场"。每年，成千上万的香客会到岛上来朝拜观音菩萨。那块让船停驶的礁石后来也出了名，叫"新罗礁"。这就是普陀成为"海天佛国"的最早的来由。

普陀山也是一个非常好的旅游胜地。

现在普陀山100多个寺中，仍是普济寺、法雨寺、慧济寺最有名。普济寺又称“前寺”，初名宝陀观音院，建于北宋神宗元丰三年（1080年）。1131年，宝陀观音院住持真歇禅师奏请朝廷，将山上700多渔民全部迁出，普陀山从此成为佛教净土。1214年，朝廷出钱在观音院建圆通殿，并将普陀山定为观音道场。清康熙三十八年（1699年）大修，改名普济寺。

在普济寺的周围，遍布着与观音有关的景点，如三石（磐陀石、心字石、二龟听法石）、三洞（朝阳洞、潮音洞、梵音洞）等。在潮音洞旁，是不肯去观音院（紫竹林），日本和尚慧锷就是在这里携观音像上的岸。1997年普陀山佛教协会在这里建了一座总高33米，其中台基高13米、铜像高18米、莲花座为2米，重70多吨的观音铜像。观音铜像屹立在新罗礁上首龙湾岗墩，面朝大海，远处是似卧佛的海上仙山——洛迦山。

如剔除宗教的因素，普陀山其实也是一个非常好的旅游胜地。岛上青峰翠峦、怪石嶙峋、古木参天。岛的四周沙滩连绵，礁石奇特，洞壑幽深。夏天，可以到百步沙、千步沙游泳、拾贝壳。踏在金黄色的沙滩上，像踏在柔软的草地间，留下了一串串脚印。白色的海浪涌上来时，与游人追逐着，一会儿就抹去了游人的脚印。夜晚，坐在海边的礁石上，看月亮慢慢地一点点地往上升，渐渐地，越来越有光泽，像一只玉色的挂盘，悬在蓝灰色的天幕上。月亮下的大海，如此静谧又神秘，宁静得像个熟睡的孩子。天、海、人要合为一体了，仿佛就要羽化，现实中的一切烦恼都离我们远去。有时候，宗教和大自然是一样的，它们都能安抚我们人类不安的灵魂。

海上仙山——洛迦山

“不到洛迦山，就不算朝完普陀山”，许多佛教信徒都这么说。洛迦山在普陀岛千步沙的对面，“普陀洛迦”原来是一山之名，在印度语中为“补陀洛迦”。从明代开始，渐渐将它们分开来称呼：普陀山和洛迦山。其实，洛迦山只是一个小小的岛，只有0.63平方公里大，周围礁石嶙峋。远远看去，像一尊卧佛安睡在莲花洋中，任凭海浪摔打。“卧佛”分“头”、“身”、“脚”三部分，坐船上码头后，从“卧佛”的“脚”开始，顺着一条起伏的石板路，一路从“佛身”延伸到“佛头”。“佛头”处是一座灯塔，灯塔点亮时，像卧佛额头的夜明珠，为来往的航船照明。

据传说，洛迦山是观世音菩萨修行的圣地，得道后，从洛迦山一脚跳到普陀紫竹林，从而普度众生。初唐的王勃曾作《观音大士赞》：“南海海深幽绝处，碧绀嵯峨连水府。号名七宝洛迦山，自在观音于彼往。”写的就是这座洛迦山。山上有五处庵院，高低相连，门前佳木成荫。有名“水晶宫”的石窟，深丈余，相传是观音大士显灵处，可通龙宫。

洛迦山实在太小，从普陀山放一船人过去，就可把一座小山挤满。所以，规定一船游客只能在山上呆1.5小时，过时不候，你错过了开船的时间，就回不去了，山上可没有宾馆旅店，就只能露宿了。我们上去时，洛迦山还没有开发旅游，山上没有一个游客。定海海署局的书记亲自陪着我们上岛，我们一路走走停停，在灯塔处歇了下来。这时，有一只狗跑了过来，见我们二三十个人拥了上来，竟然连吠的胆量也没有，只是

似卧佛的洛迦山

睁着惊慌的眼睛，观察着我们的动静。书记对我们说：“它怕你们，它从来没看见过那么多人。”书记带我们参观了灯塔守护人的屋子，虽然有冰箱、电脑、电话，但一个人成年累月守在这座孤岛上，要承受多大的寂寞孤独呀！有时候，孤独比死亡更可怕。听书记说，有的灯塔守护人因长期一个人在这里生活，没有人对话，回去后，竟然丧失了说话和与人交流的能力。有一些守灯塔的人半个月回家探亲一次，只是把一个月的工资交给妻子，就再也没有一句话，连逛马路过横道线都得人带着。他们署里就有一个人在过马路时被汽车轧死了。他每天守着的是一盏灯，自己却弄不清那红绿灯。现在，有的灯塔已用电子灯，不需要人去点亮，只要在陆地上遥控就可以了。灯塔守护人从此可脱离孤独的苦海。

灯塔是洛迦山的制高点，建于100多年前，但据记载，在明代就有人在这里点灯笼指引航船，所以从前叫“天灯台”。天灯即天眼，人间的一切生老病死悲欢离合，佛都看得清清楚楚，所以要普度众生，让人们脱离苦海。灯塔有40多米高，攀着铁扶梯爬上灯塔，四周海天一色，太阳的光线像探照灯似的从云层里射出来，将洛迦山罩住，也将我们定格在此生与彼生的轮回间。

国际沙雕基地——朱家尖

朱家尖是舟山群岛中的第五大岛，有72平方公里大，比普陀大近6倍。它具有一切海岛有的特征：金色的沙滩、曲折的海岸线、碧蓝的大海、凉爽的海风。本来这样的小岛，在我国的沿海岛屿中很多见，但在1999年，由国际沙雕协会授权，在岛上的南沙举行了首届中国舟山国际沙雕节，来自英国、荷兰、丹麦、美国、加拿大、墨西哥、日本、新加坡等国家和中国许多艺术院校的代表队参加了比赛，从此，朱家尖声名鹊起，成了国际沙雕的艺术园地，至今已举办十二届，每年都有几十万人来看沙雕比赛。

我的朋友谷馨曾参与了沙雕节和舟山美食节的策划，他让我约几个朋友去朱家尖参加沙雕节和美食节，我约了韩作荣、赵丽宏和杭州的一批朋友同去。多年前我曾去过一次，记不得游过哪些地方，只记得住的地方非常简陋，像搭起来的棚，蚊子嗡嗡叫。这回去，朱家尖让我不认识了，我们住的宾馆就在南沙沙雕基地附近，宽大的落地玻璃窗外是蓝色的大海。这里有许多高档的宾馆，都是开发旅游后才造起来的。

在到南沙的路上，有一座山，比周围的山都高，它就是“朱家尖大山”，朱家尖岛名就是由此山而来，它比岛上最高的大青山只低了0.2米。岛上现在已开发了四个风景区：白山、樟州湾、十里金沙和大青山。

朱家尖最著名的是沙滩，沿着海岸有无数个沙滩，沙色金黄，沙质细腻。十里金沙总长有6300米，像一条金色的花边镶嵌在岛东北到东南的海岸。这里可同时容纳10万人游泳、冲浪等。这里的沙滩被国际沙雕组织WSSA确认为世界上沙质和风景最好的沙滩之一，甚至超过了夏威夷。

朱家尖沙雕

白山风景区位于朱家尖北部，与普陀山隔海相望。这里千岩重叠，姿态万千，犹如一座东海石景公园。进园区大门，迎面的千丈岩壁上，一幅彩绘观音像将人们带入观音的世界。白山风景区将打造成观音文化区，现在观音像前，张艺谋正在搞如“印象西湖”、“印象桂林”一样的“印象普陀”。对于张艺谋搞的“印象”系列，众说纷纭，有的赞成，有的反对。我最希望他不要破坏景区原来的自然美，他只能做锦上添花的事。

大青山是朱家尖最高处，这里沟壑纵横，绝壁峭立。沿着盘山公路上到378米的主峰大青山，海风呼呼，全岛景色尽收眼底，像指挥员站在实战用的沙盘前一样清晰、高瞻远瞩。远处，弧形的沙滩一个连着一个，像花边一样镶嵌着整个岛的边沿；重重叠叠的小岛与礁石密布着，似一局永远没有结局的棋。白帆点点，太阳的光辉照耀在海面，把蓝色的海面涂成银白。真的是美不胜收。

在四个景区中，我最喜欢樟州湾景区，因为那里有神秘的大乌石塘。在本来应该是沙滩的海岸上，密布着一整滩黑色的似恐龙蛋天鹅蛋的石头，在海浪的冲洗下，透着神秘的光泽。这一大滩黑石头怎么会聚到这里？海浪可以冲走船只、房屋、大树，但为什么冲不走这些小小的鹅卵石？岛上有两个乌石塘，大乌石塘在樟州湾，小乌石塘在岛东部。关于乌石塘，岛上有一个传说：东海龙宫里的小乌龙来到海面玩，遇见了一条凶恶的鲨鱼精，于是打了起来。小乌龙敌不过鲨鱼精，遍体鳞伤逃到了樟州湾。渔民将它救起，养好伤放回大海。小乌龙为了感谢渔民救命之恩，将身上乌黑的鳞片抖落，化成黑色的卵石，筑起了拦海大坝。从此，樟州湾成了渔民躲风避雨的良港。

这是一个很俗套的感恩传说，但是，当一件事物的存在让人们觉得不可思议时，传说往往能化解疑惑而让人不再追究那事物存在的不合理性。

白山风景区

南沙里沙

去东极

东极是舟山最东面的海岛，离沈家门45公里海路，再出去就是茫茫的公海了。它有28个岛屿和108个岩礁，其中只有四个大岛住人：庙子湖、黄兴岛、青浜、东福山。

轮船像一枚针将四个岛珠子似的穿了起来，我们在青浜下了船。跳上青浜码头，一点都没有下船的感觉，好像只是从小船换上了大船。整个岛是一座小山，灰色的屋子海簇子般一层层粘附在山上。岛上没有一条平路，石砌的小路像众多的老树根沿岛而上，盘绕在屋与屋之间。这里的每一扇窗都对着大海，日夜涛声不绝。

我们到青浜是农历七月下旬，白天太阳很猛，岛上没有绿阴，我们不敢出门。只有孩子不怕太阳，谷馨的儿子明明嚷嚷着要去海里游泳，这里的海水碧蓝如玉。我们住的邮电招待所隔壁是家渔民，男的出海打鱼去了，女的在家管儿子。女的叫水英，手上、耳朵上、脖子上挂满了叮叮当当的金首饰，渔民有钱，出一次海可赚好几万。水英让儿子小华陪明明去游泳，她说小华整日泡在海里，岛边的每一片沙滩每一块礁石他都熟悉。两个孩子一黑一白手拉着手出门去了。

直到太阳西斜，孩子们才回来。我们决定去附近的小岛玩，水英让人给我们租了一只小舢板。

我们上的小岛叫“叶子岛”，听名字就知道叶子岛很小，它像一艘不沉的“泰坦尼克号”，在海浪中摇晃。岛上住不了人，但住着成千上万只海燕。它们在礁石缝里、草丛里做窝、交配、生育，一代一代地繁衍。一群群的海燕像雪花环绕着叶子岛自由地飞来飞去，附近岛上的渔民从不干扰它们的生活。这里真是一个小鸟天堂。跳上叶子岛，人也有了鸟的感觉，蓝色的风中，双臂不由自主地扬起想飞翔。抬头望，晚霞似一顶巨大的彩色伞，要将我们带上天去。

回到招待所，天已很晚。招待所的女工已将一桌海鲜烧好摆在院子里，有黄螺、辣螺、芝麻螺，全是从青浜的礁石上挖来的。

东极岛

饭后，一群人余兴未尽，说要去山上看星星。

从招待所后门出去，爬几级台阶就到了山顶。山顶上，有一块块水泥浇筑的平地，是渔家用来晒鱼鲞的。在水泥地上躺下，天俯视着我们，平日遥远而模糊的天突然变得亲近。海风拂来凉意，像天在为我们挥扇，让我回忆起许多许多年前的童年夏日夜晚，母亲坐在床边为我们扇去炎热。

星星出来了，一颗两颗三颗，一会儿就是一大片，一条银河显影在苍穹。这是久违了的银河啊，在大城市里怎么也见不到的银河，竟然奇迹般地出现在眼前，我们怎么能不雀跃？宇宙是多么奇妙又博大。我们头顶的银河只是宇宙版图中一条小小的溪流，而人类只是寄居在银河里的一颗行星（地球）上的微生物。宇宙因大爆炸而无限，人因精子和卵子的相遇而诞生，我们来到这个世界是多么偶然，存在着又是多么不容易。

海岛的天，孩儿的脸，说变就变。我们正在辨认天上的星座，我的手刚指着北

渔家织网

斗星，突然，天空像关了电闸，霎时全灭，一片漆黑。潜伏在空气中的风冲了出来，雨碎石似的打在身上，没有一点过渡，猝不及防的我们慌忙逃下山去。

这些年，东极开发旅游，有快艇直去那里。在岛上，可游泳可海钓可摸螺可吃渔家饭可上山数星星，可将一身的疲惫丢弃在那里，回来后，你又兴致勃勃地重新投入生活的战场。

渔船排排，随浪摇摆。

东极小渔村

嵊山泗洲塘渔港

嵊泗列岛

20世纪80年代初，我和一批诗友去嵊泗采风。嵊泗有舟山最大的渔场——嵊山渔场，盛产大黄鱼、小黄鱼、带鱼、墨鱼、梭子蟹、石斑鱼等。嵊山镇在嵊泗的最东面，由51个大小岛屿组成。在嵊山镇一望无际的洋面上，来自江苏、福建、浙江、上海的渔船队伍穿梭于波峰浪谷之间，将一船船金色、银色的鱼虾从海里打捞上来。

那一次，我们去了嵊山附近的枸杞岛，是嵊泗列岛中仅次于泗礁山的第二大岛。枸杞岙里遍生枸杞灌木，红红的小果子像晶莹剔透的红宝石。然后，我们在嵊山镇住下，老天突然刮起了十级大风。当时的嵊山镇很小，记得只有一条小街，都是些破旧的老屋。整个嵊山镇似乎要被大风刮倒，我们被封锁在了招待所里。一天，两天，风没有要停的意思。一批年轻的诗人被憋在这个小小的简陋的招待所里，可想而知有多么郁闷。几个男同胞终于憋不住了，他们拿上招待所用来洗脸洗脚的搪瓷盆，冲进大风里，不一会，端着几大盆鲜活的梭子蟹又冲了回来。立即烧蟹、买酒，接着吃蟹、喝酒，然后诗性大发，作诗吟诗，将所有的郁闷一股脑儿挥发。那时的蟹只要几分钱一斤。记得1975年，我到岱山的一个军民联防模范岛上去新闻实习，住在小岛上的渔民家里，一日三餐都是鱼虾。半个月下来，看到鱼虾都想吐了。那时，大黄鱼只要一角九分一斤，大鲳鱼八分，梭子蟹四分。就这么些年，海鱼贵得吓人，东海里的鱼竟然少得可怜，仅三十年，就把一个大海里的鱼吃光了。

这就是嵊泗给我留下的印象，许多年过去了，那一次的采风仍让我记忆犹新。

嵊泗，又称“嵊泗列岛”，是舟山地区的一个县，共有404个岛屿，住人岛有16个，县政府所在地在菜园镇。嵊泗列岛位于长江和钱塘江入海口，给鱼类提供了大量的食物；更有台湾暖流和沿岸流在此交汇，搅动养分；加上东海广阔，光照充分，因而形成了一个天然渔场。

枸杞龙泉村渔港

早在北宋熙宁六年（1073年），嵊泗就有蓬莱乡北界村的建制，到元朝，属宁波府定海县。至明初和清初，两次海禁，岛上的渔民全都迁到内地。直到清康熙二十三年（1684年），浙东的渔民下海捕鱼，嵊泗才逐渐又有人居住。

现在，嵊泗列岛成为我国唯一的国家级列岛型风景区，东海绝壁、夫妻峰、双人石、小西天、基湖沙滩，都是很有特色的景点。去那里，你可以充分享受金色的沙滩、蓝色的海浪、凉爽的海风。当夜晚星星亮起来的时候，桅樯如林的海湾里，万盏渔灯同时点亮。那是怎样一个壮观的场面呵，天上的银河和海上的银河争相辉映，幻化出一个梦中的奇景。当然，你一定要去吃那里的海鲜，东海的鱼是全世界肉最嫩最细腻最鲜的。

“最后的岛屿”——大陈岛

大陈岛是台州列岛106个岛礁中的主岛，面积近12平方公里。在浙江省诸多岛屿中，它只是一个不起眼的小岛。但是，它在我们新中国的建国历史上，具有非常独特的地位。它和一江山岛是新中国成立第六年才解放的岛，可以算是新中国最迟解放的地方。1955年1月，一江山岛解放，1955年2月，大陈岛解放。从此，蒋介石彻底退到台湾。

在明代，大陈岛人烟稀少，是海上抗倭的战场之一。戚继光的水师曾在大陈洋上擒捕过倭寇大盗，在岛上的风门岭留有烟墩遗址，是水师所筑。到了清朝乾隆年间，岛上开始设治，居民渐多。到了清末民初，岛上居民已达万人。

1949年10月1日，毛泽东主席在天安门城楼宣告中华人民共和国成立，中国的历史从此翻开了新的一页。但是，蒋介石还是不甘心自己的失败。随着1950年朝鲜战争的爆发，蒋介石以为“反攻大陆”的时机来临，在大陈岛设立了“大陈游击指挥所”，驻军1万多人，岛上的人口因此剧增到3万多，成了浙中南国民党残部的主要据点。他们在屏风山、五虎山、甲午岩等地修筑了大量的战壕、碉堡、隐蔽的工事和地牢，如象头岙水上碉堡就有10座。他们妄想依据大陈岛重新返回大陆，返回从前的好时光。那时候，胡宗南曾在此坐镇指挥，蒋介石、蒋维国、毛人凤以及美军太平洋舰队司令等都亲临这里，蒋经国更是经常在此出入。

1953年7月27日，朝鲜战争以中朝人民的胜利宣告结束。到了1955年，解放一江山岛和大陈岛的时机成熟。1月18日，华东军区部队在参谋长张爱萍的指挥下，首次以海、陆、空三军协同作战的形式，向一江山岛的国民党军队发起进攻。经过三天激烈的战斗，于20日下午5时30分，击毙指挥官王明生，解放了一江山岛。

一江山岛解放，大陈的外围屏障失去，国民党知道了自己大势已去，1955年2月7日，台湾“国防部”实施了“大陈撤退”计划。当时，美军太平洋第七舰队有132艘舰船，台湾有27艘舰船，其中有6艘航空母舰，组成了联合船队，开到了大陈岛。他们从大陈和周边的小岛上撤走了军队14000多人、居民17000多人、军用物资4万多吨，以及各村的庙宇神像10多座，并将所有的码头、渔船全部毁坏。大陈岛最后只留下一个奄奄一息的老人。想象一下，这是何等混乱、凄烈的场面！世世代代居住在这里的几万男女老少，在枪支的逼迫下，是何等悲痛地跨上甲板，从此走向茫茫不归路。

大陈岛成了空岛。

1955年4月，大陈岛来了第一批移民，第二年，又来了温州“青年垦荒队”，他们在大陈岛扎下了根。50多年的艰苦建设，大陈岛成了浙江的第二渔场，有国家一级渔港、省级森林公园和海钓基地，岛上已有居民近4万。大陈岛还是一个旅游的好去处，在那里，和所有的海岛一样，可以享受沙滩、海浪、海鲜，更可以回顾历史，从而对生活会心生感恩，珍惜眼前的一切。

海盗曾经盘踞的蛇蟠岛

蛇蟠岛位于台州三门湾，是台州687个海岛中最大的岛，因状似两条蛇互相盘曲着而得名。岛上住着五六千人，其中有一半是外乡人，他们在这里与当地人一起以养殖虾、蟹、蚶、蛏、牡蛎等为生。本来，这个岛也像许多的小岛一样，默默无闻地蛰伏在东海的波涛里，但是，命运却让它独特的一面展现了出来。

蛇蟠岛在800多年前就有大规模的采石，整个岛上的山体被开凿成蜂窝状。

1984年，一个晴朗的下午，山前村的老张开着拖拉机来到山脚下时，为了让路给一头老牛，连人带拖拉机一起掉进了路边的水塘。当他好不容易从水塘里爬出来时，发现拖拉机没了。

他赶紧去借来两台水泵抽水，整整抽了八天八夜，水塘里的水一点也没见少，拖拉机也不见踪影。一个小小的水塘，为什么会抽不干水？老张有点害怕了，不敢再抽。这个水塘离海边只有500米，听村里的老人说，水塘是连着大海的，当然抽不干了。但塘里的是淡水，不是海水，这又怎么解释呢？

接着，山前村又发生了一件事情：有一天，村民老李去自家的责任田，不一会，村民们听到了他的呼救声，大家赶过去却不见人影，后来发现他掉进了一个被杂草覆盖住的洞里，但救上来后因抢救无效而死。后来，村民们时常会发现隐在草丛里的洞壑。那隐蔽的洞口像一口口陷阱，一不小心就会掉下去没命，一层恐怖的阴影笼罩在村民的头上，他们很少再敢去山上砍柴干活了。

直到1997年，一场巨大的台风揭开了蛇蟠岛上的秘密，从此打破了蛇蟠岛的平静。那一场台风过后，将蛇蟠岛的塘坝刮塌。乡里组织人炸山取石修塘坝。随着一声炸药爆炸的巨响，一座完整的山被炸出无数个洞窟。再仔细看，这些洞窟却是原来就有的，只是被山体掩盖住了。

全岛不到8平方公里，居然有1300多个洞窟。许多的洞都是洞连着洞，洞套着洞，上面看很小，进到下面却很大，有的有几十米深。

它们是怎样形成的？干什么用的？为什么会出现在蛇蟠岛上？许许多多谜团引来了各路专家。据专家们考察考证，得出的结论是人工所为，是古代采石留下的。在洞窟里，一个当地的村民曾捡到过三枚汉、宋、清古钱币，这就是说，在汉代洞里就出现过人。宋代的宁海进士储国秀曾著《宁海县赋》，记载“矿石锢于蛇蟠之丘”，蛇蟠岛在800多年前的宋代就曾有大规模的采石。蛇蟠岛的石头呈粉红、赫红，色彩喜庆华贵，并软硬适中，材质细腻，适合做建筑材料和工艺雕刻，被称为“江南名石”。这些石头大量采出来后，通过海路运往宁波、杭州，或更远的地方，而将一整个岛上的山体开凿成蜂窝状。我们古人的力量是多么伟大！

采石工在岛上久居后，形成了山前、山后、黄泥洞三个村子，村民们靠采石生活。明代时，实行了海禁，海上的交通被封锁，因而走私猖獗、倭寇横行。明嘉靖三十八年（1559年）时，蛇蟠岛上因有1000多个洞壑可倚，曾有4000多名倭寇落脚，这些海盗后来被戚继光的水师一举歼灭。可以想见，当时岛上的居民是多么惊恐。也许就是从那时起，采石业渐渐衰败，以至最终连后代们都不知道先辈们曾有过采石的历史。现在蛇蟠岛上建有海盗博物馆，据说是全国唯一的。我没有去看过，但愿不是歌功颂德的。

南麂列岛猴子拜观音

"贝藻王国"——南麂列岛

南麂列岛位于温州平阳县鳌江口外30海里的东海海面，由大小23个岛屿、14个暗礁、55个明礁组成，陆地面积为12平方公里。主岛外形似鹿，头朝西北，尾向东南，故而命名，面积7平方公里。岛上的岩石受海浪长期侵蚀冲击，形成海蚀崖、柱、穴、平台等景观，有大沙岙、国胜岙、三盘尾三大景区，人称"碧海仙山"，被《中国国家地理》杂志评为中国最美丽的十大岛屿之一。

三大景区内，国胜岙曾是郑成功操练水师的地方。大沙岙的沙是由破碎的贝壳堆积而成。在这片平静的沙滩上，生长着六七十种贝类，这些贝类死后留下残骸，渐渐化为沙粒，日久便形成这片宽800米、长600米的贝壳沙滩。三盘尾奇石重叠，天然的大草坪一直连向大海，美不胜收。

南麂列岛三盘尾天然大草坪

南麂列岛是旅游、避暑、度假、疗养和尝海鲜的好去处。但是，南麂列岛的出名，是因为它是一个“贝藻王国”。在这里生活着403种贝类、174种海藻类，分别占我国贝类和藻类总数的30%和20%，因而被誉为“贝藻王国”。

南麂列岛周边的海域是江浙沿岸流与台湾暖流交汇的区域，这里气候温和，年平均气温为16.5℃，夏无酷暑，冬无严寒，海水终年清澈湛蓝。而岛上海岸线曲折，岬角丛生，海湾众多，礁石密布，沙滩多样。特殊的海洋水文和地质地貌，形成了特殊的生态环境，是贝藻类最适宜生存的地方。目前，南麂列岛是首批国家级海洋自然保护区之一，保护区的海域有194平方公里。除了海洋贝类、藻类资源外，该自然保护区内还有368种鱼类、180种虾蟹类生物，如位列“海八珍”之首的鲍鱼、名贵的石斑鱼等等。

南麂列岛的贝类，既有东海沿岸的亚热带种类，又有由黄海冷水团带到浙江沿岸的少数暖温带种类，同时，由于受台湾暖流的影响和控制，有较多的热带种类，甚至还发现了只有在海南岛南端和西沙群岛的典型热带种类。我国南北海域的各种代表性贝类在南麂列岛几乎都可找到。这种热带、亚热带和温带的贝类同时并存的现象，在国内是独一无二的，在国际上也十分罕见。如东海的厚壳贻贝、南海的翡翠贻贝和黄海、渤海的紫贻贝，在南麂生长发育得都很好。美丽珍珠贝仅分布在海南岛，栉孔扇贝则分布在北方沿海，这两种温度性质截然不同的贝类，都可在南麂海域找到它们的踪迹。在南麂列岛那些千奇百怪的礁石上，栖息着形形色色的贝类，有的吸附在岩礁表面任凭风吹浪打，有的在岩礁上四处爬行，有的躲在沟缝里或石块下，有的点缀在五颜六色的海藻丛中，有的甚至会钻蚀岩石而穴居。

南麂列岛1990年被国务院列为国家级海洋类型自然保护区之一，是我国主要海洋贝类的天然博物馆和基因库，也是海洋生物“南种北移，北种南移”的资源库。1999年被列入联合国教科文组织“世界生物保护圈”自然保护区，这是全国唯一的。

“熊猫”听潮

萧山葛云飞故里

往事

血战了六天六夜的定海战役就这样悲壮地失败了。守军将士无一变节投降。至今，竹山门上仍然到处是一座座阵亡的无名将士合葬墓。

竹山门海战

竹山门，耸峙在定海城南，是中国军民抗击侵略者的一座血染的大门。一个半多世纪前鸦片战争关键性的一仗——第二次定海战役，就发生在这里。

战争爆发前，定海总兵葛云飞正在萧山老家为父亲守孝，得知军情，立即返回。行前，将父亲留给他的两把佩刀刻上“昭勇”、“成忠”，以示牢记父亲的教诲。他母亲亲手为他染黑孝服，再三叮咛：“国之忠臣，即家之孝子。”

1841年9月26日，英国侵略军再度侵犯定海，在竹山门前燃起了战火。战前，葛云飞率全军将士阵前誓师。土城上龙旗猎猎，葛总兵战袍外套着孝服，站在队前对天盟誓："城亡与亡，誓死不离定海半步！"上千阵粗砺的嗓音应和着，声震海山。

战争打响那几天，正遇连日台风，大雨滂沱，将士们的衣甲都湿透了，葛云飞彻夜不眠地在雨中巡逻查哨。海上被英军封锁，每人每天只有半斤干粮充饥。大家都忍着饥饿守城。9月29日，正是中秋节。定海城的民众自发提篮挑担送饭菜到前线，长长的队伍绵延数里。大家看葛总兵孝服上全是泥水，眼睛布满血丝，一定要他喝下带来的参汤。葛云飞感动得热泪盈眶："公等随我守城，忍饥杀贼，我何忍一人独饮？"

竹山门三总兵像

每次英军进攻，葛云飞都亲自操炮。第一天，就将敌人首舰的大桅轰为两截，砸死英军十几人。连续五天，英军每次进攻都铩羽而归。

经过整整五昼夜的激战，士兵们疲惫不堪，面对强大的敌人，守城困难越来越大。葛云飞、王锡朋、郑国鸿三位总兵不得不联名向镇海大营求援。

第六天台风过去，英军从厦门调来兵力，30艘军舰兵分三路攻打定海，十里海疆，炮声震天。

中午，在土城上指挥的葛云飞发觉炮声渐渐稀落，他意识到凶多吉少。不一会，哨探来报，郑国鸿守卫的竹山门和王锡朋扼守的晓峰岭已失守。而派到镇海大营去求援的信使两手空空回来。这时，占领竹山门的英军山洪般朝土城涌来。葛云飞急令炮手开炮。可城上炮位都是面向大海固定的，炮手用力扳仍纹丝不动。情急之下，葛云飞上前掇抱炮身，猛一发力，竟将大炮转了个身，随即操炮发射，一直打到炮身红透，无法再打。大炮用不上了，他纵身跳上城头，大声喊道："好汉子，快跟我杀贼去！"

城上只有二百守军，跟着葛总兵勇猛冲向多于己方十倍的敌军。

竹山门下展开了一场惊天动地的厮杀。冲在最前面的葛云飞见迎面上来一个手举绿旗的英军头目，大喝一声"逆贼终污吾刀！"手起刀落，连人带旗杆一劈两断，快刀也断成两截。他忙抽出腰间的两把佩刀，挥舞着一路杀将过去，一直杀上竹山门。从崖上纵身跳下一个英军小头目，长刀劈向葛云飞，将他的脸劈去一半，而他浑然不觉。那英军见这一情景竟吓得傻愣了。一颗炮弹又打中了葛云飞的背，炮弹从后背射进，前胸穿出，留下碗口大的血洞。围上来的英军用长枪疯狂地朝他身上乱戳。葛云飞身中四十余枪，浑身血染，须发怒张，双手高擎着两把佩刀，仍倚崖直立在竹山门上。

血战了六天六夜的定海战役就这样悲壮地失败了。这是鸦片战争中敌我双方参战人数最多、规模最大、交火时间最长、伤亡人数最惨重的一次战役。葛云飞、郑国鸿、王锡朋三总兵同日殉国，麾下5800名守军无一变节投降。至今，竹山门上仍然到处是一座座阵亡的无名将士合葬墓。（文/汪浙成）

民间

不论是开渔祭海、节日庙会，还是祝寿做生日、结婚的喜事、死人的丧事，渔民都当作非常隆重的庆典。舟山锣鼓激昂热烈的节奏，最能表达和宣泄他们对生命的敬畏、热爱之情。

舟山锣鼓

我曾和诗人陈山在一个单位，那时我刚大学毕业，而他正在被隔离审查，说他与“四人帮”中的张春桥有关系。陈山1936年参加革命，解放后曾任华东文化部党组成员、上海作家协会党组成员、浙江文联副主席等职。陈山是一个传奇人物，参加革命时，策反过一伙土匪，在华东局时受张春桥打击，而“揭批查”时又说他与张春桥有关系。但无论处于怎样的逆境，他始终是个诗人。1958年，陈山到舟山蚂蚁岛深入生活，蚂蚁岛当时成立了全国第一个人民公社。

整整四年，陈山与渔民同吃同住同劳动，写下了近百首长诗、短诗，合为诗集《擂鼓集》。蚂蚁岛的渔民至今回忆起他来，都说他“和和气气，朴朴实实，像个渔老汉，看不出是个诗人，一点也不摆作家架子”。《擂鼓集》在20世纪50年代的诗坛很有影响，陈山为何将自己深入渔村后写的诗集取此名？我想，一定与舟山锣鼓有关。

舟山锣鼓主要由13面锣组成的排锣和5面鼓组成的排鼓为主奏乐器，另配吹拉弹打的乐器。可以想象一下，当这些乐器一起奏响时是何等气势！它可以与海涛声比高低，充分地展现出渔民豪爽粗犷的性格和对生活无限的激情与热爱。

谁都知道，渔民的生命掌控在大海手中，好端端地刚出海，遇到大风，就会在一瞬间被大海无情地吞没。我的大学同学刘松庆是渔村人，有一年，村里出海打鱼的人遇到了台风，死了49个人，全村人被悲伤击倒。大海造就了渔民豪爽的性格，也造就了他们今朝有酒今朝醉的人生观。因为生命的飘忽，所以他们更加珍惜生活。不论是开渔祭海、节日庙会，还是祝寿做生日、结婚的喜事、死人的丧事，他们都当作非常隆重的庆典。舟山锣鼓激昂热烈的节奏，最能表达和宣泄他们对生命的敬畏、热爱之情。

舟山锣鼓在明清时开始盛行，相传戚继光在定海、沈家门建水寨，操练士兵时，击鼓以助军威。后来，渔民们仿效之，最初是为了在出航捕鱼时解除寂寞；当海上遇到大雾时，船只之间可传递信息；还可在船靠码头时招徕顾客。以后逐渐参与到民间的各种活动中。

舟山锣鼓的传统曲目有《舟山锣鼓》、《八仙序》、《渔家乐》、《沙调》、《潮音》等。1957年，在莫斯科第七届青年联欢节民间音乐比赛中荣获金质奖。2006年，舟山锣鼓列入我国第一批《国家级非物质文化遗产名录》。

沈家门海鲜大排档

沈家门位于舟山本岛东南，是我国最大的渔港和海产品集散地，与秘鲁的卡亚俄港、挪威的卑尔根港并称为“世界三大渔港”。每到捕鱼季节，十里港区万船云集，鱼虾遍地。特别到夜晚，上万只停泊在港湾的船只渔火通明，蔚为壮观，像诸葛亮草船借箭的古战场。

沈家门从元代起就有了民用港的雏形，到明代时，因倭患无穷，此地开始驻军。1409年，明成祖朱棣在沈家门立水寨，到明末正式定为沈家门港，为军港。至清、民国，这里又成了渔港。沈家门的发展史已有700多年。

沈家门在1932年开始建镇，那时候，这里的商业街就已经非常繁华，面海的小街上酒馆林立，妓院无数。渔船一上岸，所有的酒馆都让给了渔民，他们大碗喝酒，大块吃鱼，豪爽地一掷千金。因为出海捕鱼的人能平安上岸归来是一件大喜事，有何理由不庆祝？在茫茫的大海上受尽了颠簸、寂寞和死亡的威胁，有何理由不尽情享受？

渔船归港

海鲜大排档

现在，外地游客也能这样的大碗喝酒大块吃鱼了。临港一字儿排开着1000米长的由世界顶级公司英国思邦建筑国际公司设计的67家大排档摊位屋，全天候营业。摊位上各种海鲜应有尽有，如黄鱼带鱼鲳鱼、海鳗海虾海蟹、文蛤蛏子香螺……光舟山捕捞上来的鱼就有300多种，虾蟹类80多种；普陀传统菜、日本料理、秘鲁烧烤、西餐等等，各种菜式也应有尽有。夏日的夜晚，海风呼呼吹拂，海浪轻轻拍岸，坐在清爽的摊位屋里，喝着冰镇啤酒和饮料，吃着刚从海里打捞上来的海鲜，真是人生一大享受。怪不得有人说，到了舟山，不到普陀山，不去吃夜排档，就等于没到过舟山。